Lernbiene®

Carina Hilweg

Ein Lese-Reisetagebuch zu den Festen in aller Welt

Mit differenzierten Übungen zum Leseverstehen die Feste verschiedener Kulturen erkunden.

UNTERRICHTSMATERIAL

DEUTSCH

Die Umwelt liegt uns am Herzen! Konkret bedeutet das: Wir verwenden ausschließlich recyceltes Papier und vermeiden Plastik, wo es möglich ist. Dieses Produkt wurde aus diesem Grund nicht eingeschweißt. Auch haben wir bei der Herstellung des Umschlags auf eine Cellophan-Schicht verzichtet. Alle in diesem Produkt verwendeten Papiere bestehen zu mindestens 50 % aus Recyclingfasern. Das Inhaltspapier dieses Buches ist gemäß DE-UZ 14a Blauer-Engel-zertifiziert.

FSC
www.fsc.org
MIX
Papier | Fördert gute Waldnutzung
FSC® C130643

Wir haben uns für die Schreibweise mit dem Sternchen entschieden, damit sich Frauen, Männer und alle Menschen, die sich anders bezeichnen, gleichermaßen angesprochen fühlen. Aus Gründen der besseren Lesbarkeit für die Schüler*innen verwenden wir in den Kopiervorlagen das generische Maskulinum. Bitte beachten Sie jedoch, dass wir in Fremdtexten anderer Rechtegeber*innen die Schreibweise der Originaltexte belassen mussten.

1. Auflage 2024

Autor*innen Carina Hilweg
Redaktion Annika Koch
Coverillustration Corina Beurenmeister
Illustrationen Corina Beurenmeister
Satz Typographie & Computer, Krefeld
Druck und Bindung Druckerei Joh. Walch GmbH & Co. KG, Augsburg

ISBN 978-3-7468-**1160**-4
www.lernbiene.de

Inhalt

Der Band enthält **digitales Zusatzmaterial** zum **Download**. Die Benutzerhinweise zum Download des Zusatzmaterials und den entsprechenden **Zusatzcode** finden Sie am Ende des Buches.

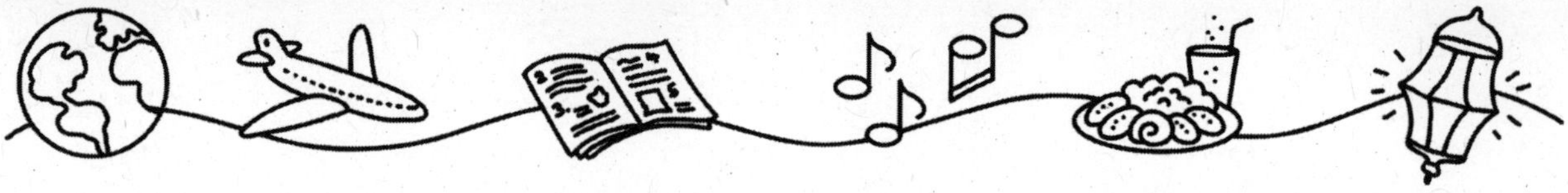

Ein Lese-Reisetagebuch zu den Festen in aller Welt

von Carina Hilweg

mit Illustrationen von Corina Beurenmeister

Inhalt und Aufbau des Materials

Das vorliegende Material richtet sich an Kinder der dritten und vierten Klasse. Ziel ist es, die Lesefähigkeit durch ansprechende Texte zu fördern und das Leseverständnis durch geeignete Fragen zu überprüfen. In jedem Kapitel lernen die Kinder ein Fest aus einem anderen Kulturkreis kennen. Dazu gehört die Stadt oder das Land, in dem dieses Fest typischerweise auch gefeiert wird. Parallel dazu bietet es sich an, im Sachunterricht ebenfalls das Thema Länder und Kontinente zu behandeln. Das Material kann entweder in Form eines kurzen Projektes jederzeit im Schuljahr oder in Form eines Jahresprojektes passend zum Zeitpunkt des Festes eingesetzt werden.

Vorbereitung

Die Lese- und Aufgabenblätter sollten allen Kindern als Kopie zur Verfügung gestellt werden. Die Lösungsseiten können einmal kopiert und an einer Lösungsstation bereitgelegt werden.

Einstieg

Beginnen Sie mit dem Kapitel „Mein Lese-Reisetagebuch". Der differenzierte Lesetext stellt die Leitfigur vor, die das Reisetagebuch für die Kinder gestaltet hat. Der Junge namens David erklärt, wie das Lese-Reisetagebuch funktioniert. Zu Beginn der Einheit erhalten die Kinder ein Deckblatt und eine Weltkarte mit passenden Bildern für die Mappe. Auf der Weltkarte können die Kinder nachvollziehen, über welche Feste und Länder sie schon etwas gelesen haben. Dazu malen die Lernenden das passende Bild zum Fest an, schneiden es aus und kleben es auf ihre Weltkarte. Um das Thema zusätzlich im Klassenraum zu veranschaulichen, können Sie die Weltkarte vergrößert kopieren und im Raum aufhängen. Zudem können die Illustrationen der Feste vom Arbeitsblatt „Mein Lese-Reisetagebuch – Weltkarte (1)" vergrößert auf die Karte geklebt werden, je nachdem, welches Fest gerade gelesen wird.

Umsetzung

Als Einstieg in ein Kapitel kann eine Vorwissenssammlung zum Fest oder zum Land erfolgen. Die Klasse kann gemeinsam das vorgestellte Land auf der Weltkarte oder dem Globus suchen und sich anschließend über ihre Vorerfahrungen austauschen. Danach lesen die Kinder in Einzelarbeit den Lesetext und bearbeiten den dazugehörigen Arbeitsauftrag.

Die Kapitel sind immer gleich aufgebaut. Die ersten Seiten bestehen aus differenzierten Lesetexten zum Fest. Die Aufgaben zum Text befinden sich zum Teil unter dem Lesetext und zum Teil auf Aufgabenblättern. Je nach Komplexität sind die Aufgaben auch differenziert. Zu jeder Aufgabe gibt es eine Lösung zur Selbstkontrolle. Der Teil über das Land bzw. die Stadt, die David besucht, ist ebenso aufgebaut.
Sollten Sie mehrere Kapitel mit Ihrer Klasse bearbeiten, können Sie die Reihenfolge frei bestimmen, da die Kapitel nicht aufeinander aufbauen. Es bietet sich jedoch eine Sortierung nach dem jeweiligen Festdatum an.
Als Abschluss kann ein gemeinsames Mindmap erstellt werden, um das Gelesene zu reflektieren und die gewonnenen Informationen zu sammeln. Als Festigung oder als Bonusaufgabe können die Kinder eine Scrapbookseite zum Fest gestalten. Die Vorlage dafür befindet sich am Ende des Kapitels „Mein Lese-Reisetagebuch".

Differenzierung

Die Texte und Aufgabenstellungen sind zweifach differenziert, wenn es einen deutlichen Komplexitätsunterschied gibt, um sowohl stärkere als auch schwächere Leserinnen und Leser anzusprechen.
Das Buch-Icon mit den Textlinien verweist auf die schwierigere Variante.
Das Buch-Icon ohne Text verweist auf die differenzierte Variante.
Bei Texten und Aufgaben, die für beide Niveaustufen geeignet sind, sind beide Icons abgebildet.

Weiterführende Arbeit mit dem Material

Die weiterführenden Aufgaben können den Kindern angeboten werden, wenn mindestens zwei Feste bearbeitet wurden. Diese eigenen sich sowohl als Gesprächsanlässe mit der ganzen Klasse als auch als mündliche oder schriftliche Aufgaben, die in Gruppen-, Partner- oder Einzelarbeit bearbeitet werden können.

Mögliche Anregungen für Gesprächsrunden oder zum freien Schreiben wären:

- Welches Fest gefällt dir am besten?
- Welches Fest würdest du gerne einmal mitfeiern und warum?
- Feierst du ein ähnliches Fest?
- Was haben alle diese Feste gemeinsam? (Gemeinschaft, Familie, typisches Essen, Dekoration, Bräuche, …)
- Welche Feste feiern die Kinder aus deiner Klasse?

Elternarbeit

Im Kontext der Feste kann jedes Kind sein Lieblingsfest vorstellen. Wenn es die Zusammensetzung der Klasse zulässt, könnten an dieser Stelle auch die Eltern zur Mitarbeit eingeladen werden. Die Klasse kann einige Fragen zum Fest vorbereiten, die dann gestellt werden können. Wenn möglich könnten die Eltern eine für das Fest typische Speise, eine Dekoration, entsprechende Kleidung oder ähnliches mitbringen.

Hinweis zur Schrift

Das Material ist in einer Druckschrift für die Grundschule erstellt, damit die Kinder ein für sie gut erkennbares und eindeutiges Schriftbild vorfinden. Die verwendeten Schriftarten heißen „Auer Schulbuch“ und „Klett Handschrift“. Die Schriften finden Sie zum Download im Zusatzmaterial. Sie werden Ihnen in den Worddateien nur dann angezeigt, wenn Sie sie in Ihrem Schriftenordner installiert haben. Ansonsten werden Ihnen die Übungen in Word automatisch in Ihrer eingestellten Standardschrift angezeigt. Natürlich haben Sie jederzeit die Möglichkeit, die Worddateien anzupassen. Da sie editierbar sind, können Sie das Material nach Belieben in Ihre bevorzugte Schriftart umändern.

Wir wünschen Ihnen viel Freude mit diesem Material!

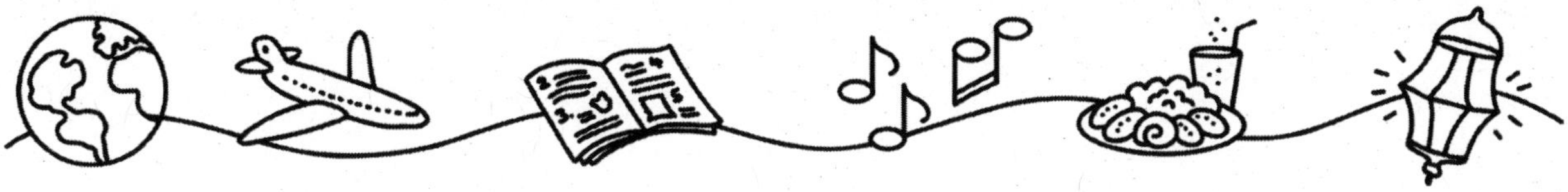

Mein Lese-Reisetagebuch – Deckblatt

1. Male das Deckblatt an.

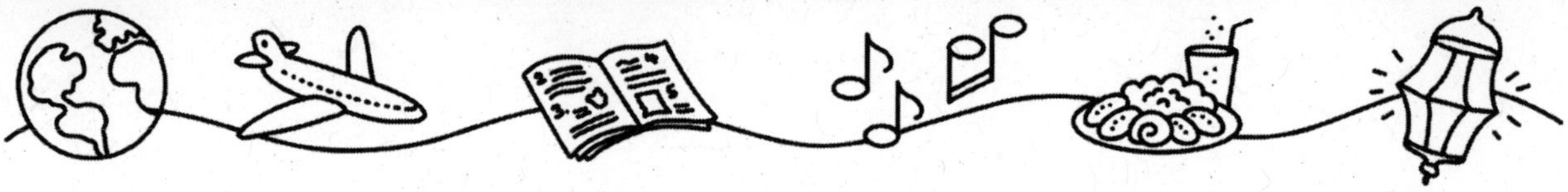

Mein Lese-Reisetagebuch – Lesetext 

Hallo, mein Name ist David und ich bin 8 Jahre alt. Gemeinsam mit meinen Eltern lebe ich in Deutschland. Meine Mama kommt aus Rumänien und mein Papa aus Deutschland. Deshalb spreche ich zwei Sprachen und wachse mit zwei verschiedenen Kulturen auf. Meine Mama ist Pilotin und meistens irgendwo auf der Welt unterwegs.

Natürlich vermissen mein Papa und ich sie oft. Es hat aber auch Vorteile, dass sie so viel reist. Sie hat Freunde auf der ganzen Welt und kennt sich richtig gut in den verschiedenen Ländern aus. In den Ferien darf ich manchmal mit ihr wegfliegen. Dann besuchen wir ihre Freunde auf der ganzen Welt. Dabei habe ich schon viele Menschen aus interessanten Kulturen kennengelernt und einige spannende Orte besucht. Das finde ich einfach großartig, da ich selbst in zwei Kulturen aufwachse. Richtig klasse finde ich es, wenn Mamas Freunde uns zu einem Fest einladen, dass ich noch nicht kenne. So habe ich schon einige besondere Feste mitgefeiert.

Auf meinen Reisen habe ich aber nicht nur gefeiert, sondern auch viele interessante Menschen kennengelernt und etwas über ihr Land erfahren. Über die ganzen tollen Erlebnisse habe ich für euch ein Reisetagebuch zusammengestellt. Damit es für euch noch spannender wird, habe ich Informationen zum Fest mit kleinen Aufgaben und Rätseln kombiniert. Da ich jedes Fest in einer bestimmten Stadt besucht habe, gibt es auch einen Teil mit wissenswerten Informationen zu den Besonderheiten der Stadt, in der ich gerade war. Bist du bereit für unsere gemeinsame Reise?

1. Welchen Ort würdest du gern mal besuchen und warum?

____

____

____

____

Mein Lese-Reisetagebuch – Lesetext

Hallo, mein Name ist David. Ich bin 8 Jahre alt und lebe in Deutschland. Meine Mama kommt aus Rumänien und mein Papa aus Deutschland. Deshalb spreche ich zwei Sprachen und wachse mit zwei verschiedenen Kulturen auf.

Meine Mama ist Pilotin. Sie ist auf der ganzen Welt unterwegs. Mein Papa und ich vermissen sie oft. Aber es ist auch aufregend, weil ich manchmal mit ihr wegfliegen darf. Sie hat viele Freunde auf der ganzen Welt, die wir besuchen. Deshalb habe ich schon sehr interessante Orte gesehen.

Richtig klasse finde ich es, wenn Mamas Freunde uns zu einem Fest einladen, dass ich noch nicht kenne. So habe ich schon einige Feste mitgefeiert. Auf meinen Reisen habe ich aber nicht nur gefeiert, sondern auch viele interessante Menschen kennengelernt und etwas über ihr Land

erfahren. Über die ganzen tollen Erlebnisse habe ich für euch ein Reisetagebuch zusammengestellt. Damit es für euch noch spannender wird, habe ich Informationen zum Fest mit kleinen Aufgaben und Rätseln kombiniert. Da ich jedes Fest in einer bestimmten Stadt besucht habe, gibt es auch einen Teil mit Informationen zu der Stadt, in der ich gerade war.

Bist du bereit für unsere gemeinsame Reise?

1. Welchen Ort würdest du gern mal besuchen und warum?

____

____

____

____

____

____

____

Mein Lese-Reisetagebuch – Weltkarte (1)

1. Du brauchst das Arbeitsblatt „Weltkarte (1)“ und das Arbeitsblatt „Weltkarte (2)“.
2. Male auf der Weltkarte die Länder an, in denen David schon war.
3. Schneide das passende Bild aus und klebe es neben die Karte. Verbinde das Land und das Bild mit einem Pfeil.

Mein Lese-Reisetagebuch – Weltkarte (2)

1. Male die Länder an, in denen David schon war.
2. Klebe das passende Bild neben die Karte. Verbinde das Land und das Bild mit einem Pfeil.

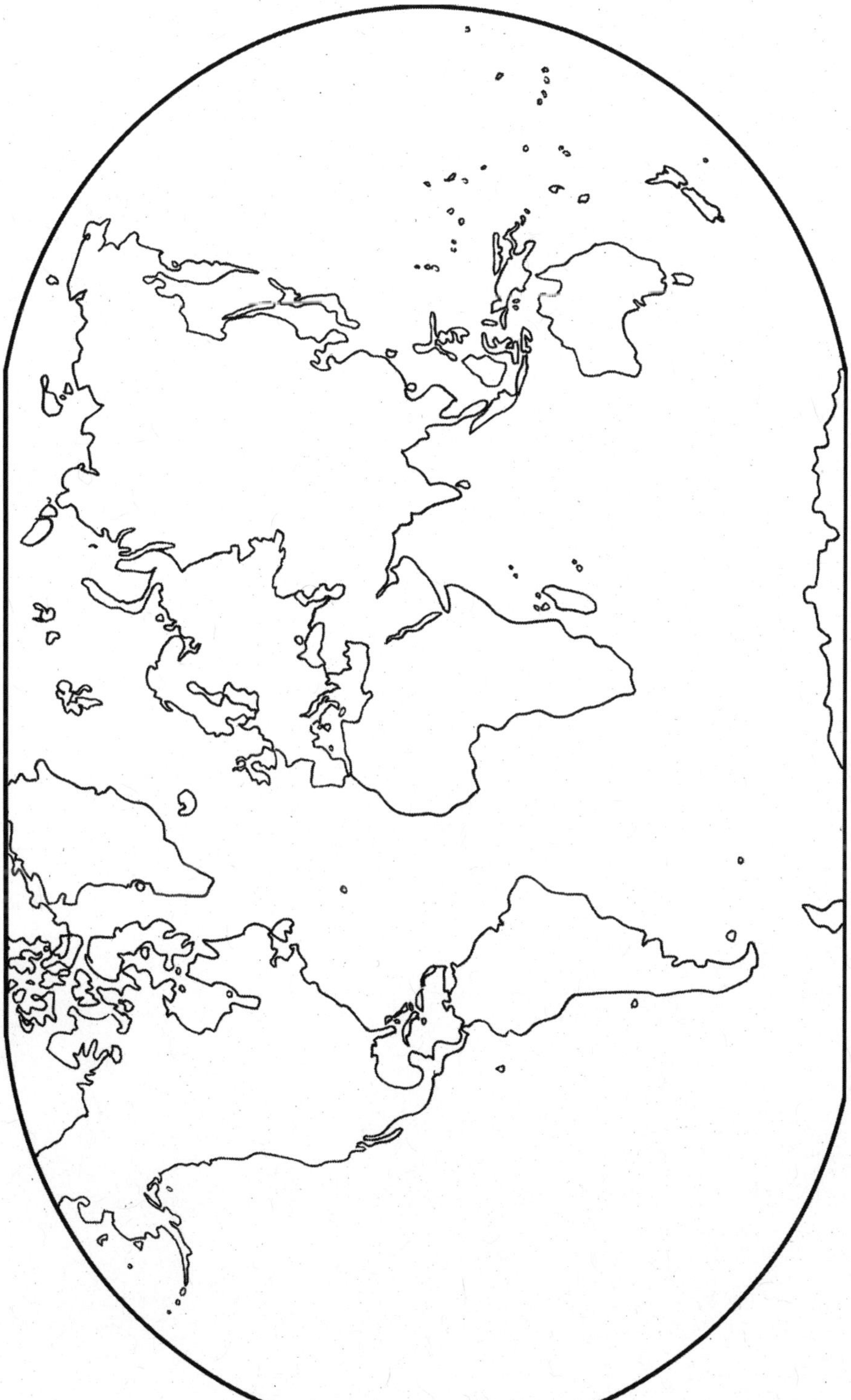

Mein Lese-Reisetagebuch – Scrapbook

1. Fülle die Seite passend zu einem Fest aus.
2. Male passende Bilder zum Fest in die Fotorahmen.

Das Fest heißt:

Deshalb wird das Fest gefeiert:

Hier wird das Fest gefeiert:

Das wird gemacht:

Das wird gegessen:

Das finde ich spannend:

Chinesisch Neujahr – Lesetext

Wow, was für eine Nacht! Mein erstes chinesisches Neujahrsfest war super spannend! Das Fest wird hier in China auch Mond-Neujahr oder Frühlingsfest genannt. Das liegt daran, dass es jedes Jahr am zweiten Neumond nach der Wintersonnenwende gefeiert wird. Die Wintersonnenwende kennzeichnet den Winteranfang.

In Europa ist das der 21. Dezember und es ist der kürzeste sowie dunkelste Tag des Jahres. Danach werden die Tage wieder länger. Zwei Neumonde danach, also zwischen Ende Januar und Ende Februar, ist dann das Mond-Neujahr. Deshalb ändert sich das Datum, an dem gefeiert wird, auch jedes Jahr. Wie es sich für so ein Fest gehört, gibt es besondere Traditionen und Rituale.

Dieses Jahr durfte ich das erste Mal mit Mamas Freunden in Peking gemeinsam feiern. Vor dem Festabend haben wir die Straßen und Türen mit Kunstwerken, Schriftstücken und Laternen geschmückt. Darauf befanden sich die Schriftzeichen für Glück und Wohlstand. Außerdem haben wir die Wohnung geputzt, neue Kleidung gekauft und alles für das Fest vorbereitet.

Das gemeinsame Kochen war besonders schön. Mamas Freundin hat mir erklärt, dass es wichtig ist, viele Zutaten mit einer guten Bedeutung zu benutzen. Sie sagte: „Was nie fehlen darf, ist Fisch, denn Fisch steht für Überfluss und Reichtum."

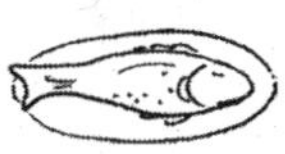

Wichtig sind auch Jiaozi, das sind Teigtaschen mit einer Füllung aus Gemüse, Fleisch oder Fisch. Später gab es auch einen großen Umzug, mit lauten Trommelklängen und Laternen. Mich haben die riesigen drachenförmigen Puppen fasziniert, die von mehreren Tänzerinnen und Tänzern durch die Straßen bewegt wurden. Je länger die Drachen sind, desto mehr Glück bringen sie.

Es ist schwer vorstellbar, aber um Mitternacht wurde es noch lauter und noch bunter. Dann kam das große Feuerwerk. Das sollte die bösen Geister des alten Jahres vertreiben. Ich habe mich genau umgeschaut und mir ist die Farbe Rot häufig aufgefallen. Egal ob bei den Laternen, den Drachen oder der Kleidung, die Farbe Rot war immer dabei. Rot ist in China die Glücksfarbe. Trotz all der aufregenden Bräuche kam der, wie ich finde, beste Teil für die Kinder nach dem Essen. Sie bekamen von ihren Familienmitgliedern rote Umschläge mit Geld. Mit diesen Briefumschlägen wollten die älteren Familienmitglieder den Kindern ein Jahr des Glücks und Segens schenken.

Chinesisch Neujahr – Lesetext

Wow, was für eine Nacht! Das wichtigste Fest des Jahres ist vorbei. In China heißt das Neujahrsfest auch Mond-Neujahr oder Frühlingsfest. Das Fest wird nämlich an Neumond gefeiert. Dieser Neumond ist der zweite nach dem Winterbeginn. Deshalb ändert sich das Datum an dem gefeiert wird auch jedes Jahr.

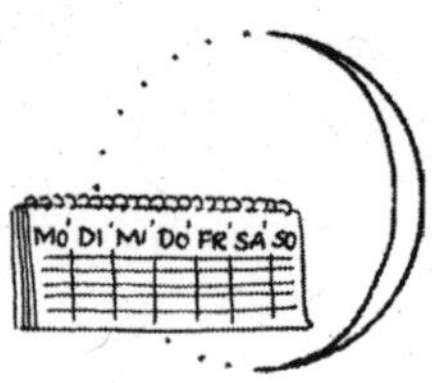

In diesem Jahr durfte ich das erste Mal mit Mamas Freunden in Peking das chinesische Neujahr feiern. Mamas Freundin hat mir erklärt, dass es viele besondere Bräuche und Rituale für das Fest gibt.

Vor dem Fest haben wir die Straßen, Häuser und Türen geschmückt. Wir haben dafür Kunstwerke, Schriftstücke und Laternen aufgehängt. Darauf befanden sich die Schriftzeichen für Glück und Wohlstand.

Außerdem haben wir die Wohnung geputzt, neue Kleidung gekauft und alles für das gemeinsame Feiern vorbereitet. Als Festessen wurden besondere Speisen vorbereitet. Mamas Freundin hat mir erzählt, dass es wichtig sei, viele Zutaten mit einer guten Bedeutung zu benutzen. Es gab zum Beispiel Fisch. Fisch steht in China für Überfluss und Reichtum. Sehr lecker waren auch die Jiaozi, das sind Teigtaschen mit einer Füllung aus Gemüse, Fleisch oder Fisch.

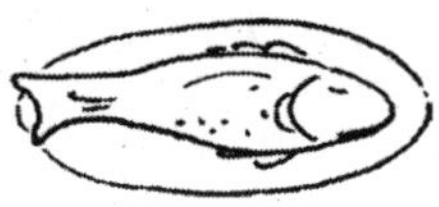

In den Straßen fanden Umzüge statt. Dabei hörte ich laute Trommelklänge und sah viele Laternen. Gemeinsam tanzten Menschen und Puppen in Drachenform durch die Straßen. Die Drachen sollten das Unglück fürs neue Jahr abwehren. Je länger die Drachen sind, desto mehr Glück bringen sie.

Um Mitternacht folgte dann ein großes Feuerwerk. Das sollte die bösen Geister des alten Jahres vertreiben. Die Farbe Rot habe ich in der Zeit

besonders häufig gesehen. Viele Menschen hatten rote Kleidung an. Rot ist hier in China die Glücksfarbe. Deshalb wurden auch rote Umschläge an die Kinder verschenkt. In diesen Briefumschlägen befand sich Geld. Das sollte den Kindern Glück und Segen für das neue Jahr bringen.

Chinesisch Neujahr – Aufgabe

1. Beantworte die Fragen zum chinesischen Neujahrsfest in ganzen Sätzen.
   Welche anderen Namen gibt es für das chinesische Neujahrsfest?

   ____

   Wann wird das chinesische Neujahrsfest gefeiert?

   ____

   Welche Farbe gilt in China als Glücksfarbe?

   ____

   Welche Bedeutung haben die Drachen beim Neujahrsfest?

   ____

   ____

   Was bekommen die Kinder geschenkt und wofür steht dieses Geschenk?

   ____

   ____

2. Zeichne deinen eigenen Drachen für das Neujahrsfest.

Chinesisch Neujahr – Aufgabe Lösung

1. Beantworte die Fragen zum chinesischen Neujahrsfest in ganzen Sätzen.
   Welche anderen Namen gibt es für das chinesische Neujahrsfest?

   Andere Namen für das chinesische Neujahrsfest sind Mond-Neujahr oder Frühlingsfest.

   Wann wird das chinesische Neujahrsfest gefeiert?

   Es wird am zweiten Neumond nach der Wintersonnenwende gefeiert.

   Welche Farbe gilt in China als Glücksfarbe?

   Rot gilt in China als Glücksfarbe.

   Welche Bedeutung haben die Drachen beim Neujahrsfest?

   Drachen sollen das Unglück abwehren und Glück bringen.

   Je länger sie sind, desto mehr Glück bringen sie.

   Was bekommen die Kinder geschenkt und wofür steht dieses Geschenk?

   Sie bekommen rote Briefumschläge mit Geld geschenkt.

   Die Umschläge stehen für Glück und Segen im neuen Jahr.

2. Zeichne deinen eigenen Drachen für das Neujahrsfest.

   Individuelle Lösung.

Peking – Lesetext

Ich habe einige Informationen zur Stadt „Peking“ rausgesucht und für euch zusammengestellt.

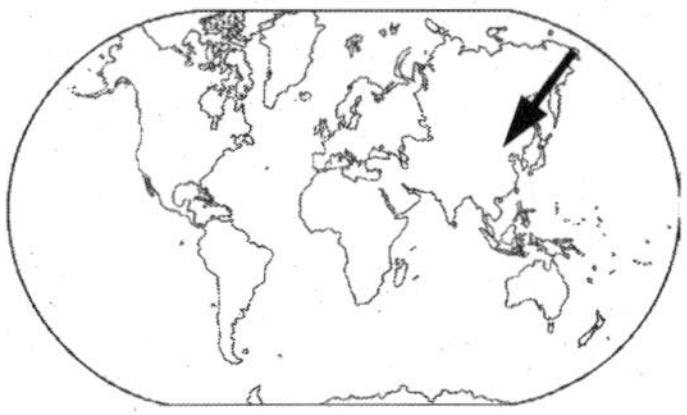

Peking ist die Hauptstadt der Volksrepublik China und befindet sich auf dem Kontinent Asien. In China sprechen viele Menschen „Mandarin“, das wird auch Hochchinesisch genannt. Der längste Fluss Chinas ist Jangtsekiang und als höchster Berg gilt der Mount Everest. Peking und die Region um die Stadt herum erstrecken sich auf einer Fläche von über 16.000 Quadratkilometern. In diesem Bereich leben mehr als 21 Millionen Menschen.
In Peking gibt es viel zu sehen und drei Sehenswürdigkeiten möchte ich euch vorstellen.

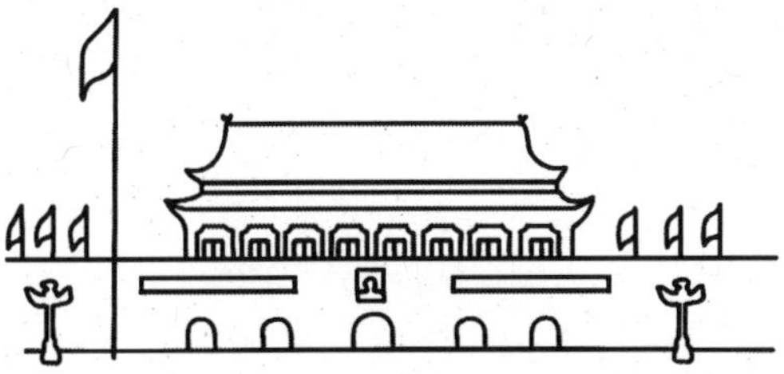

Der Platz des „Himmlischen Friedens“ wird auch Tian’anmen-Platz genannt. Er ist der größte Platz der Welt. Bis zu eine Million Menschen können sich hier versammeln. Außerdem ist er der wichtigste Platz in China.
An einer Seite des Platzes befindet sich das Tian’anmen-Tor. Dieses Tor ist der Zugang zur „Verbotenen Stadt“.

Ein Bereich im Zentrum von Peking heißt „Verbotene Stadt“. Das ist eine Palastanlage. Früher lebte und herrschte dort der chinesische Kaiser. Der Name „Verbotene Stadt“ kommt daher, dass der Zutritt für die normale Bevölkerung verboten war. Die „Verbotene Stadt“ besteht aus etwa 900 Gebäuden. Heute ist der ehemalige Herrscherpalast ein Museum.

In China gibt es viele Tempel. Bei dem Namen Himmelstempel denken viele an ein einziges Gebäude. Allerdings ist er die größte Tempelanlage Chinas. Das

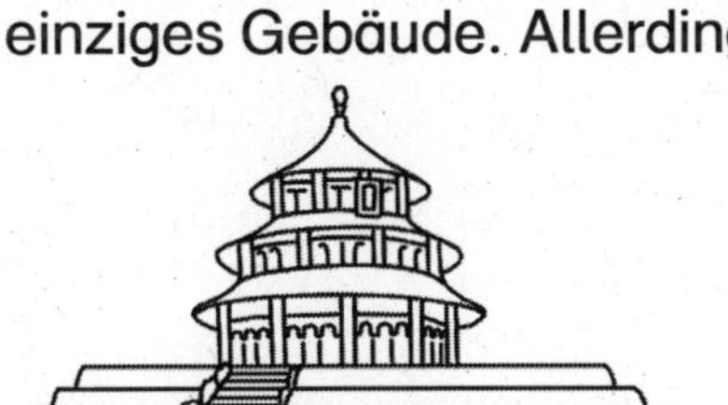

bekannteste Gebäude dieser Tempelanlage ist die Halle der Ernteopfer. Früher betete der Kaiser dort jedes Jahr für eine gute Ernte. Das Besondere an dieser Halle ist, dass sie komplett aus Holz gebaut ist.

Peking – Lesetext

Ich habe einige Informationen zur Stadt „Peking“ für euch zusammengestellt.

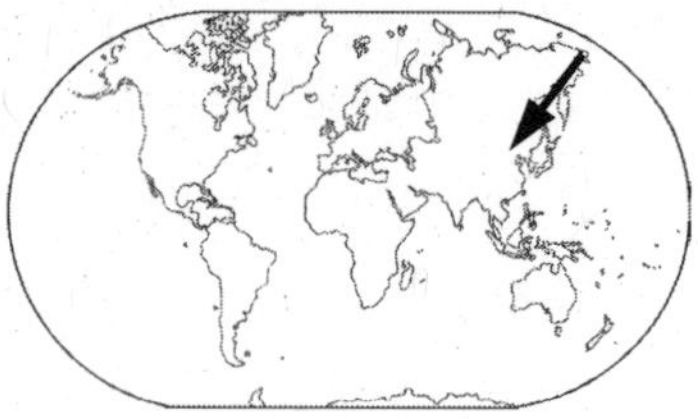

Peking ist die Hauptstadt von China und befindet sich auf dem Kontinent Asien. In China sprechen viele Menschen Hochchinesisch. Die Sprache wird auch „Mandarin“ genannt. Der längste Fluss Chinas ist Jangtsekiang und als höchster Berg gilt der Mount Everest. Peking und dessen Region erstrecken sich auf einer Fläche von über 16.000 Quadratkilometern. In diesem Bereich leben mehr als 21 Millionen Menschen. Dort gibt es viel zu sehen! Drei der Sehenswürdigkeiten möchte ich euch vorstellen.

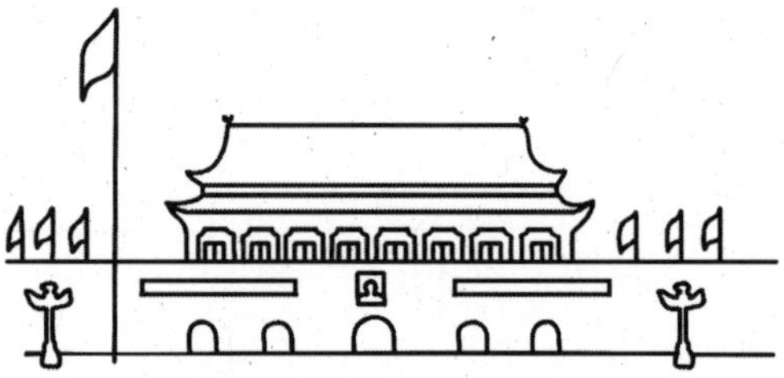

Das ist der Platz des „Himmlischen Friedens“ mit dem Tian’anmen-Tor. Der Platz wird daher auch Tian’anmen-Platz genannt. Er ist der größte Platz der Erde. Bis zu einer Million Menschen können sich hier versammeln. An einer Seite des Platzes befindet sich das Tian’anmen-Tor. Dieses Tor ist der Zugang zur „Verbotenen Stadt“.

Ein Bereich im Zentrum von Peking heißt „Verbotene Stadt“. Das ist eine große Palastanlage mit ungefähr 900 Gebäuden. Früher lebte dort der chinesische Kaiser. Der Name „Verbotene Stadt“ kommt daher, dass der Zutritt für die normale Bevölkerung verboten war. Heute ist der ehemalige Palast ein Museum.

In China gibt es viele Tempel. Eine große Tempelanlage wird „Himmelstempel“ genannt. Das bekannteste Gebäude dieser Tempelanlage ist die Halle der Ernteopfer. Früher betete der Kaiser dort jedes Jahr für eine gute Ernte. Das Besondere an dieser Halle ist, dass sie komplett aus Holz gebaut wurde.

Peking – Aufgabe

1. Fülle den Steckbrief aus. Das Arbeitsblatt „Peking – Lesetext“ hilft dir dabei.

Steckbrief Peking

Land: ______________________________

Kontinent: ______________________________

Sprache: ______________________________

Längster Fluss Chinas: ______________________

Höchster Berg Chinas: ______________________

Fläche von Peking: ______________________

Einwohnerzahl von Peking: ____________________

Bekannter Platz: ______________________________

Sehenswürdigkeiten:

____

____

____

Peking – Aufgabe Lösung

1. Fülle den Steckbrief aus. Das Arbeitsblatt „Peking – Lesetext“ hilft dir dabei.

Steckbrief Peking

Land: China

Kontinent: Asien

Sprache: Mandarin (Hochchinesisch)

Längster Fluss Chinas: Jangtsekiang

Höchster Berg Chinas: Mount Everest

Fläche von Peking: über 16.000 km²

Einwohnerzahl von Peking: über 21 Millionen

Bekannter Platz: Platz des Himmlischen Friedens (oder Tian'anmen-Platz)

Sehenswürdigkeiten:

Himmelstempel, Tian'anmen-Tor,

Verbotene Stadt

Karneval in Rio – Lesetext

Heute gibt es ausnahmsweise einen sehr frühen Eintrag in mein Reisetagebuch. Denkt jetzt aber nicht, dass ich so früh aufgestanden bin. Ich war noch gar nicht im Bett! Hier war die ganze Nacht Party angesagt, so wie jedes Jahr zu Karneval.
Wie in Europa wird in der Woche bevor die Fastenzeit beginnt Karneval gefeiert. Nur, dass der Karneval in Rio weltberühmt ist.

Hier tanzen an Karneval mehrere tausend Tänzer und Tänzerinnen in glitzernden, bunten Kostümen zu lauter Sambamusik durch die Straßen. Zwischen 3000 und 5000 Tanzende tragen aufeinander abgestimmte Kostüme und tanzen eine Choreografie. Sie gehören zu einer so genannten Sambaschule. Jede dieser Sambaschulen entscheidet sich für ein Thema. Das wird dann mit den Kostümen, der Musik und der Choreografie dargestellt.

Das klingt zwar einfach und lustig, aber diese Kostüme wiegen richtig viel. Manchmal sind sie so schwer, dass die Tänzerinnen und Tänzer nicht allein auf den Festwagen steigen können. Dann werden sie mit einem Kran hinaufgehoben. Unvorstellbar, dass sie dann damit tanzen können. Das schaffen sie aber nur, weil sie sich fast ein ganzes Jahr lang darauf vorbereiten. Den Trainingsaufwand betreiben sie aber nicht nur zum Spaß. Die Gruppe, die die meisten Punkte von einer Jury bekommt, erhält ein hohes Preisgeld. Noch wichtiger sind allerdings Ruhm und Ehre.
Der Höhepunkt des Karnevals in Rio sind die großen Paraden im Sambódromo. Von außen sieht dieses komische Bauwerk fast ein bisschen langweilig aus. Stellt euch die Tribünen im Fußballstadion vor, nur dass das Sambódromo eine 700 Meter lange Straße ist.

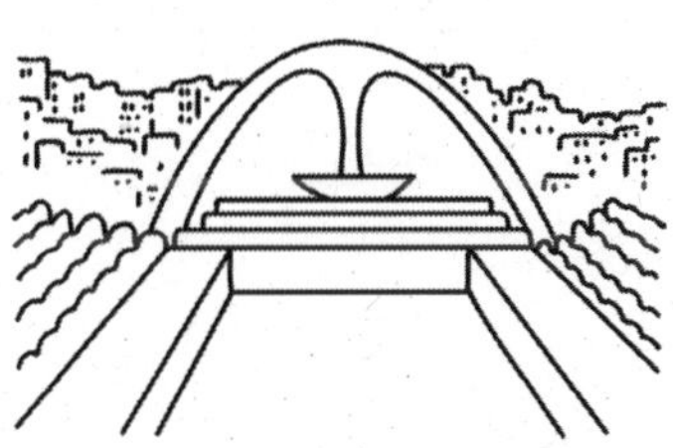

Das Bauwerk ist sehr berühmt und steht unter Denkmalschutz. Deshalb kann es leider nicht umgebaut und vergrößert werden. Es passen zwar fast 89.000 Personen auf die Tribünen, aber das ist viel zu klein.
So aufregend und beeindruckend das auch ist, am besten haben mir die Auftritte der Kinder gefallen. Die dürfen nämlich am Faschingsdienstag mitmachen. An diesem Tag sind sie sogar die Ersten, die ihre Choreografien zeigen dürfen. Sie tragen auch bunte, glitzernde Kostüme und tanzen auf den Festwagen. Dafür haben sie in so genannten Kindersambaschulen lange geübt.

Aber jetzt ist es wirklich an der Zeit, ein wenig Schlaf zu bekommen.

Karneval in Rio – Lesetext

Heute gibt es mal einen sehr frühen Eintrag in mein Reisetagebuch. Ich bin aber nicht so früh aufgestanden, sondern war die ganze Nacht beim Karneval dabei. Der wird hier auch eine Woche vor der Fastenzeit gefeiert. Beim Karneval in Rio tanzen mehrere tausend Tänzerinnen und Tänzer in glitzernden, bunten Kostümen.

Getanzt wird zu lauter Sambamusik. 3000 bis 5000 der Tanzenden gehören zusammen zu einer Sambaschule. Jede dieser Sambaschulen entscheidet sich für ein Thema. Das wird dann mit den Kostümen, der Musik und der Choreografie dargestellt. Das Tanzen mit den Kostümen sieht toll aus, doch es ist sehr anstrengend und braucht fast ein Jahr Übung. Manche Kostüme wiegen so viel, sodass die Tanzenden nicht allein auf den Festwagen klettern können. Dann müssen sie mit einem Kran auf den Festwagen gehoben werden. Für jeden Auftritt gibt es Punkte von einer Jury. Am Ende bekommt die Gruppe mit den meisten Punkten ein hohes Preisgeld.

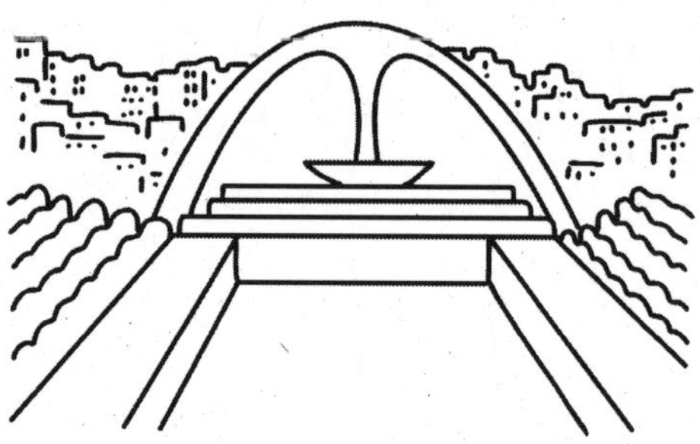

Der Höhepunkt des Karnevals in Rio sind die großen Paraden im Sambódromo. Das Bauwerk sieht fast ein bisschen langweilig aus. Ihr kennt sicher die Tribünen im Fußballstadion. Das Sambódromo ist eine 700 Meter lange Straße, an deren Seiten solche Tribünen stehen. Es ist so groß, dass fast 89.000 Personen hineinpassen.

Am besten haben mir aber die Auftritte der Kinder gefallen. Am Faschingsdienstag dürfen sie nämlich mitmachen. Sie tragen dabei auch bunte, glitzernde Kostüme und tanzen auf den Festwagen. Dafür haben sie in Kindersambaschulen lange geübt.

Aber jetzt ist es wirklich an der Zeit, ein wenig Schlaf zu bekommen.

Karneval in Rio – Aufgabe

1. Schreibe in Stichpunkten auf: Was hat David erlebt?

___

___

2. Male an, was David gesehen hat. Du kannst es auch farbig umkreisen.

Karneval in Rio – Aufgabe Lösung

1. Schreibe in Stichpunkten auf: Was hat David erlebt?

   Sambódromo, laute Musik, Sambaschulen, Auftritt der Kindergruppe, Festwagen

2. Male an, was David gesehen hat. Du kannst es auch farbig umkreisen.

Rio de Janeiro – Lesetext

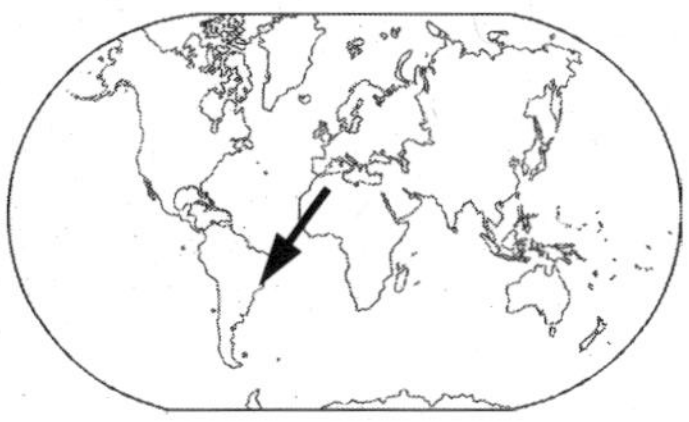

Tagsüber ist es hier in Rio de Janeiro richtig schön warm und sonnig. Rio, wie die Stadt meistens genannt wird, ist die bekannteste Stadt Brasiliens. Dabei ist sie weder die größte Stadt noch die Hauptstadt. Bis 1960 war Rio die Hauptstadt, danach wurde sie von Brasilia abgelöst. Damit sich meine Ohren nach dem Ausflug ins Sambódromo etwas erholen können, nehme ich euch als erstes mit an einen ruhigeren Ort.

1. Lies die Texte. Schreibe die passenden Überschriften aus dem grauen Kasten auf die Linien über die Textteile.

Zuckerhut, Christusstatue, Stadtwald von Rio

____

Früher war Rio de Janeiro komplett von einem Regenwald umgeben. Heute sind nur noch knapp 40 km davon übrig. Dennoch gilt der Tijuca-Nationalpark als der größte Stadtwald der Welt. Er wurde vor etwas mehr als 60 Jahren gegründet. So soll der atlantische Regenwald bewahrt werden. Den Stadtwald darfst du dir aber nicht wie einen Wald bei uns in Europa vorstellen. Hier gibt es tropische Bäume und andere Pflanzen sowie Quellen und Wasserfälle. Außerdem lebt in diesem Dschungel eine Vielzahl an Tieren, wie Affen.

____

Auf dem Berg Corcovado steht die Christ-Erlöser-Statue, die auch kurz Christusstatue genannt wird. Der Corcovado ist ein Berg im Stadtwald und er ist etwas mehr als 700 Meter hoch. Auf seinem Gipfel steht die 30 Meter hohe Christusstatue. Die Statue gilt als Wahrzeichen von Rio de Janeiro. Sie zeigt eine Jesusfigur mit ausgebreiteten Armen.

____

Von diesem knapp 400 Meter hohen Felsen hat man einen beeindruckenden Ausblick über Rio de Janeiro. Mit seinen steil abfallenden Felswänden sieht er aus wie ein Zuckerhut, woher er auch seinen Namen hat.

Rio de Janeiro – Lesetext Lösung

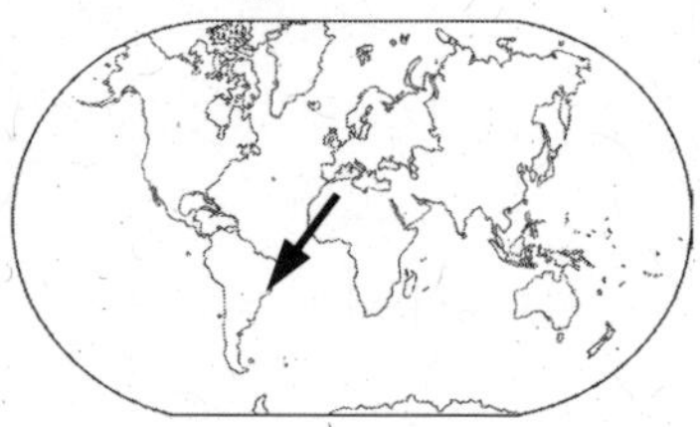

Tagsüber ist es hier in Rio de Janeiro richtig schön warm und sonnig. Rio, wie die Stadt meistens genannt wird, ist die bekannteste Stadt Brasiliens. Dabei ist sie weder die größte Stadt noch die Hauptstadt. Bis 1960 war Rio die Hauptstadt, danach wurde sie von Brasilia abgelöst. Damit sich meine Ohren nach dem Ausflug ins Sambódromo etwas erholen können, nehme ich euch als erstes mit an einen ruhigeren Ort.

1. Lies die Texte. Schreibe die passenden Überschriften aus dem grauen Kasten auf die Linien über die Textteile.

Zuckerhut, Christusstatue, Stadtwald von Rio

Stadtwald von Rio

Früher war Rio de Janeiro komplett von einem Regenwald umgeben. Heute sind nur noch knapp 40 km davon übrig. Dennoch gilt der Tijuca-Nationalpark als der größte Stadtwald der Welt. Er wurde vor etwas mehr als 60 Jahren gegründet. So soll der atlantische Regenwald bewahrt werden. Den Stadtwald darfst du dir aber nicht wie einen Wald bei uns in Europa vorstellen. Hier gibt es tropische Bäume und andere Pflanzen sowie Quellen und Wasserfälle. Außerdem lebt in diesem Dschungel eine Vielzahl an Tieren, wie Affen.

Christusstatue

Auf dem Berg Corcovado steht die Christ-Erlöser-Statue, die auch kurz Christusstatue genannt wird. Der Corcovado ist ein Berg im Stadtwald und er ist etwas mehr als 700 Meter hoch. Auf seinem Gipfel steht die 30 Meter hohe Christusstatue. Die Statue gilt als Wahrzeichen von Rio de Janeiro. Sie zeigt eine Jesusfigur mit ausgebreiteten Armen.

Zuckerhut

Von diesem knapp 400 Meter hohen Felsen hat man einen beeindruckenden Ausblick über Rio de Janeiro. Mit seinen steil abfallenden Felswänden sieht er aus wie ein Zuckerhut, woher er auch seinen Namen hat.

Rio de Janeiro – Lesetext

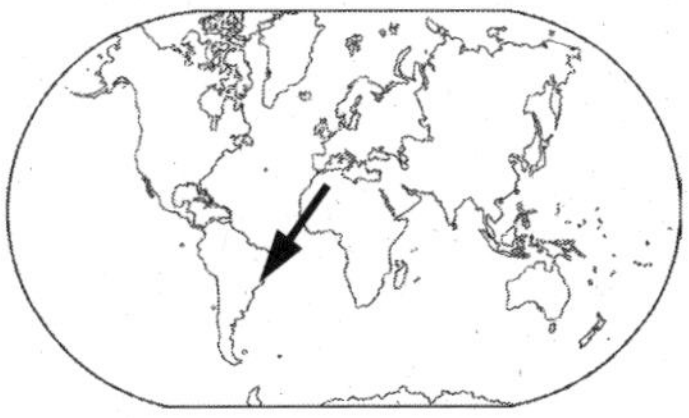

Tagsüber ist es hier in Rio de Janeiro richtig schön. Die Stadt wird oft einfach „Rio“ genannt. Sie gilt als die bekannteste Stadt in Brasilien. Bis 1960 war Rio die Hauptstadt von Brasilien. Jetzt ist „Brasilia“ die Hauptstadt. Meine Ohren sind von dem Ausflug ins Sambódromo noch etwas mitgenommen. Deshalb zeige ich euch als erstes einige ruhigere Orte.

1. Lies die Texte. Schreibe die passenden Überschriften aus dem grauen Kasten auf die Linien über die Textteile.

Zuckerhut, Christusstatue, Stadtwald von Rio

____

Früher war rund um Rio de Janeiro ein Regenwald. Heute ist nicht mehr viel davon übrig. Dennoch ist er der größte Stadtwald der Welt und heißt Tijuca-Nationalpark. Es gibt den Park seit mehr als 60 Jahren. Er soll den Regenwald um Rio schützen. Der Stadtwald ist aber nicht so ein Wald wie bei uns in Europa. Hier gibt es viele Wasserfälle, tropische Bäume und Pflanzen. Du kannst auch verschiedene Tiere sehen, wie Affen oder Nasenbären. Weiter geht es mit einer anderen Sehenswürdigkeit, die auch im Stadtwald liegt.

____

Auf dem Berg Corcovado steht die Christusstatue. Der Corcovado ist ein Berg mit etwas mehr als 700 Metern Höhe. Auf seinem Gipfel steht die 30 Meter hohe Christusstatue. Die Statue gilt als Wahrzeichen von Rio de Janeiro. Sie zeigt eine Jesusfigur mit ausgebreiteten Armen. Am Meer befindet sich eine weitere Sehenswürdigkeit der Stadt.

____

Dieser Berg ist ein knapp 400 Meter hoher Felsen. Von dort hat man einen guten Ausblick über die Stadt. Seinen Namen hat er von seinem Aussehen. Er hat steil abfallende Felswände und sieht aus, wie ein Kegel aus gepresstem Zucker.

Rio de Janeiro – Lesetext Lösung

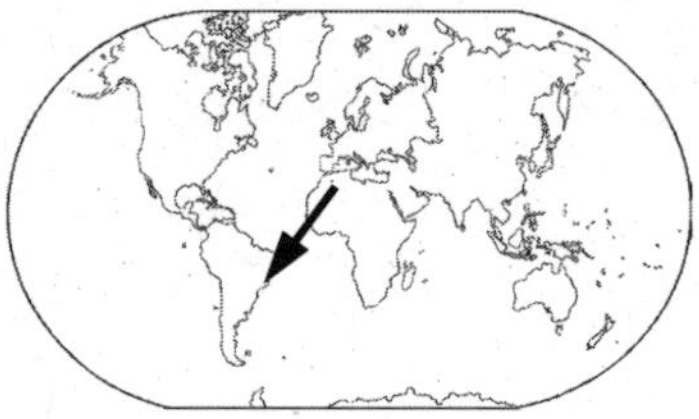

Tagsüber ist es hier in Rio de Janeiro richtig schön. Die Stadt wird oft einfach „Rio“ genannt. Sie gilt als die bekannteste Stadt in Brasilien. Bis 1960 war Rio die Hauptstadt von Brasilien. Jetzt ist „Brasilia“ die Hauptstadt. Meine Ohren sind von dem Ausflug ins Sambódromo noch etwas mitgenommen. Deshalb zeige ich euch als erstes einige ruhigere Orte.

1. Lies die Texte. Schreibe die passenden Überschriften aus dem grauen Kasten auf die Linien über die Textteile.

Zuckerhut, Christusstatue, Stadtwald von Rio

Stadtwald von Rio

Früher war rund um Rio de Janeiro ein Regenwald. Heute ist nicht mehr viel davon übrig. Dennoch ist er der größte Stadtwald der Welt und heißt Tijuca-Nationalpark. Es gibt den Park seit mehr als 60 Jahren. Er soll den Regenwald um Rio schützen. Der Stadtwald ist aber nicht so ein Wald wie bei uns in Europa. Hier gibt es viele Wasserfälle, tropische Bäume und Pflanzen. Du kannst auch verschiedene Tiere sehen, wie Affen oder Nasenbären.. Weiter geht es mit einer anderen Sehenswürdigkeit, die auch im Stadtwald liegt.

Christusstatue

Auf dem Berg Corcovado steht die Christusstatue.
Der Corcovado ist ein Berg mit etwas mehr als 700 Metern Höhe. Auf seinem Gipfel steht die 30 Meter hohe Christusstatue. Die Statue gilt als Wahrzeichen von Rio de Janeiro. Sie zeigt eine Jesusfigur mit ausgebreiteten Armen. Am Meer befindet sich eine weitere Sehenswürdigkeit der Stadt.

Zuckerhut

Dieser Berg ist ein knapp 400 Meter hoher Felsen. Von dort hat man einen guten Ausblick über die Stadt. Seinen Namen hat er von seinem Aussehen. Er hat steil abfallende Felswände und sieht aus, wie ein Kegel aus gepresstem Zucker.

Purim – Lesetext

Heute bin ich bei Freunden von Mama in Tel Aviv und hier findet gerade das Purim-Fest statt. Purim wird in Erinnerung an die Geschichte des bösen Haman gefeiert. Vor mehreren hundert Jahren wollte der böse Haman alle Juden töten. Königin Esther verhinderte das. Dafür riskierte sie ihr eigenes Leben. Deshalb wird sie als Heldin gefeiert. Schon spannend, dass eine eigentlich nicht so fröhliche Geschichte, heute als ein Freudenfest gefeiert wird. Die Menschen in Tel Aviv verkleiden sich und

tanzen ausgelassen durch die Straßen. Fast so wie bei uns an Karneval. Allerdings ist das Purimfest ein religiöses Fest. Die Menschen treffen sich in der Synagoge zum gemeinsamen Gottesdienst. Dabei wird aus einer Schriftrolle die Geschichte vom bösen

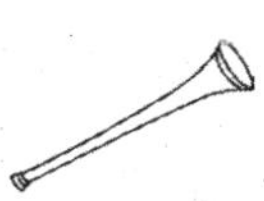

Haman vorgelesen. Jedes Mal, wenn in der Geschichte das Wort Haman fällt, machen die Menschen mit Rasseln und Tröten einen Riesenlärm. Die Kinder sind an diesem Tag ebenfalls verkleidet in der Synagoge und dürfen während der Geschichte laut rasseln. Einigen Kindern wird eine besondere Rolle zugeteilt, sie führen die Geschichte von Esther auf.

Das Datum, an dem Purim gefeiert wird, hängt vom jüdischen Kalender ab. Weltweit wird am häufigsten der gregorianische Kalender verwendet. Deshalb lässt sich sagen, dass das Fest meistens an einem Tag im März stattfindet. Hin und wieder fällt das Fest auch auf einen Tag im Februar. Mamas Freundin hat mir erklärt, dass jüdische Festtage bereits am Vorabend beginnen.

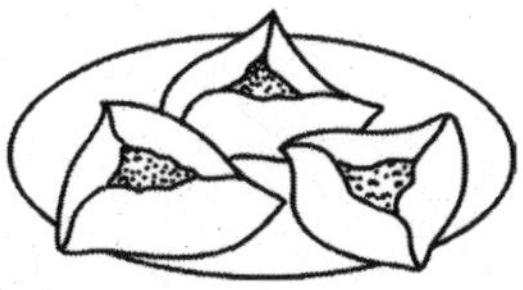

Neben den Verkleidungen und dem Besuch der Synagoge gehört auch das gemeinsame Essen und Feiern dazu. Mamas Freunde in Tel Aviv treffen sich, essen und haben zusammen Spaß. Eine besondere Speise, die zu Purim gegessen wird, sind die Hamantaschen. Das ist ein süßes Gebäck, mit einer Füllung aus Pflaumenmus oder

Mohn. Zu Purim werden auch Geschenke an Familie und Freunde verteilt. Aber auch an die ärmere Bevölkerung wird gedacht. Jede Jüdin und jeder Jude sollen zu Purim zumindest zwei Bedürftige unterstützen. Was für ein spannendes Fest!

Purim – Aufgabe

Oh nein, ich habe bei meinem ersten Purimfest ganz genau aufgepasst und alles für euch notiert. Aber leider ist bei der Feier das Blatt zerrissen. Setzt es wieder zusammen, dann erfahrt ihr mehr über das Freudenfest der Jüdinnen und Juden.

1. Verbinde die passenden Satzteile miteinander.

Purim ist ein Fest,	in Erinnerung an die Geschichte des bösen Haman gefeiert.
Dieses Fest, das auch Freudenfest heißt, wird	wollte alle Juden töten.
Der böse Haman	das von Jüdinnen und Juden gefeiert wird.
Königin Esther riskierte	feiern und tanzen ausgelassen.
Zu Purim verkleiden sich die Menschen,	die Geschichte von Haman vorgelesen.
In der Synagoge wird aus einer Schriftrolle	ihr eigenes Leben und wird als Heldin gefeiert.
Kinder spielen	März gefeiert, selten auch im Februar.
Purim wird meistens im	die dreieckigen Hamantaschen.
Eine besondere Speise sind	diese Geschichte oft nach.

Purim – Aufgabe Lösung

Oh nein, ich habe bei meinem ersten Purimfest ganz genau aufgepasst und alles für euch notiert. Aber leider ist bei der Feier das Blatt zerrissen. Setzt es wieder zusammen, dann erfahrt ihr mehr über das Freudenfest der Jüdinnen und Juden.

1. Verbinde die passenden Satzteile miteinander.

Purim ist ein Fest,	in Erinnerung an die Geschichte des bösen Haman gefeiert.
Dieses Fest, das auch Freudenfest heißt, wird	wollte alle Juden töten.
Der böse Haman	das von Jüdinnen und Juden gefeiert wird.
Königin Esther riskierte	feiern und tanzen ausgelassen.
Zu Purim verkleiden sich die Menschen,	die Geschichte von Haman vorgelesen.
In der Synagoge wird aus einer Schriftrolle	ihr eigenes Leben und wird als Heldin gefeiert.
Kinder spielen	März gefeiert, selten auch im Februar.
Purim wird meistens im	die dreieckigen Hamantaschen.
Eine besondere Speise sind	diese Geschichte oft nach.

Purim – Lesetext

Heute bin ich bei Freunden von Mama in Tel Aviv und es findet gerade das Purim-Fest statt. Purim ist ein jüdisches Fest. Es erinnert an die Geschichte des bösen Haman. Vor mehreren hundert Jahren wollte der böse Haman alle Juden töten. Königin Esther verhinderte das. Dafür riskierte sie ihr eigenes Leben. Deshalb wird sie als Heldin gefeiert.

Heute ist Purim ein Freudenfest. Die Menschen verkleiden sich und tanzen durch die Stadt. Fast so wie bei uns an Karneval. Purim ist allerdings ein religiöses Fest. Deshalb findet in der Synagoge ein Gottesdienst statt. Dabei wird aus einer Schriftrolle die Geschichte von Haman vorgelesen. Immer wenn Haman gesagt wird, machen alle mit Rasseln einen Riesenlärm.

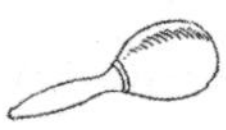

Die Kinder verkleiden sich auch und rasseln beim Gottesdienst laut mit. Oft führen einige Kinder die Esther-Geschichte auf.

Das Datum, an dem Purim gefeiert wird, hängt vom jüdischen Kalender ab. Weltweit wird am häufigsten der gregorianische Kalender verwendet. Deshalb lässt sich sagen, dass das Fest meistens an einem Tag im März stattfindet. Hin und wieder fällt das Fest auch auf einen Tag im Februar. Mamas Freundin hat mir erklärt, dass jüdische Festtage bereits am Vorabend beginnen.

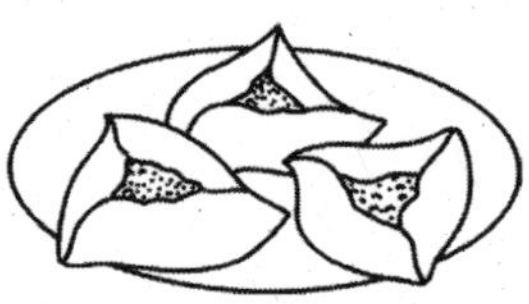

An Purim ist auch das gemeinsame Essen wichtig. Eine besondere Speise sind die Hamantaschen. Das sind dreieckige Gebäckstücke, so wie gefüllte Kekse. Beim Feiern werden Geschenke an Verwandte und Freunde verteilt. Dabei wird auch an die Bedürftigen gedacht, sie bekommen meistens Geld geschenkt. Was für ein spannendes Fest!

Purim – Aufgabe

Oh nein, ich habe bei meinem ersten Purimfest ganz genau aufgepasst und alles für euch notiert. Aber leider ist bei der Feier das Blatt zerrissen. Setzt es wieder zusammen, dann erfahrt ihr mehr über das Freudenfest der Jüdinnen und Juden.

1. Verbinde die Satzanfänge mit dem richtigen Satzende.

Eine besondere Speise

sind die dreieckigen Hamantaschen.

Königin Esther riskierte ihr eigenes Leben

wollte alle Juden töten.

Purim ist ein Fest,

und wird als Heldin gefeiert.

Der böse Haman

welches von Jüdinnen und Juden gefeiert wird.

Purim – Aufgabe Lösung

Oh nein, ich habe bei meinem ersten Purimfest ganz genau aufgepasst und alles für euch notiert. Aber leider ist bei der Feier das Blatt zerrissen. Setzt es wieder zusammen, dann erfahrt ihr mehr über das Freudenfest der Jüdinnen und Juden.

1. Verbinde die Satzanfänge mit dem richtigen Satzende.

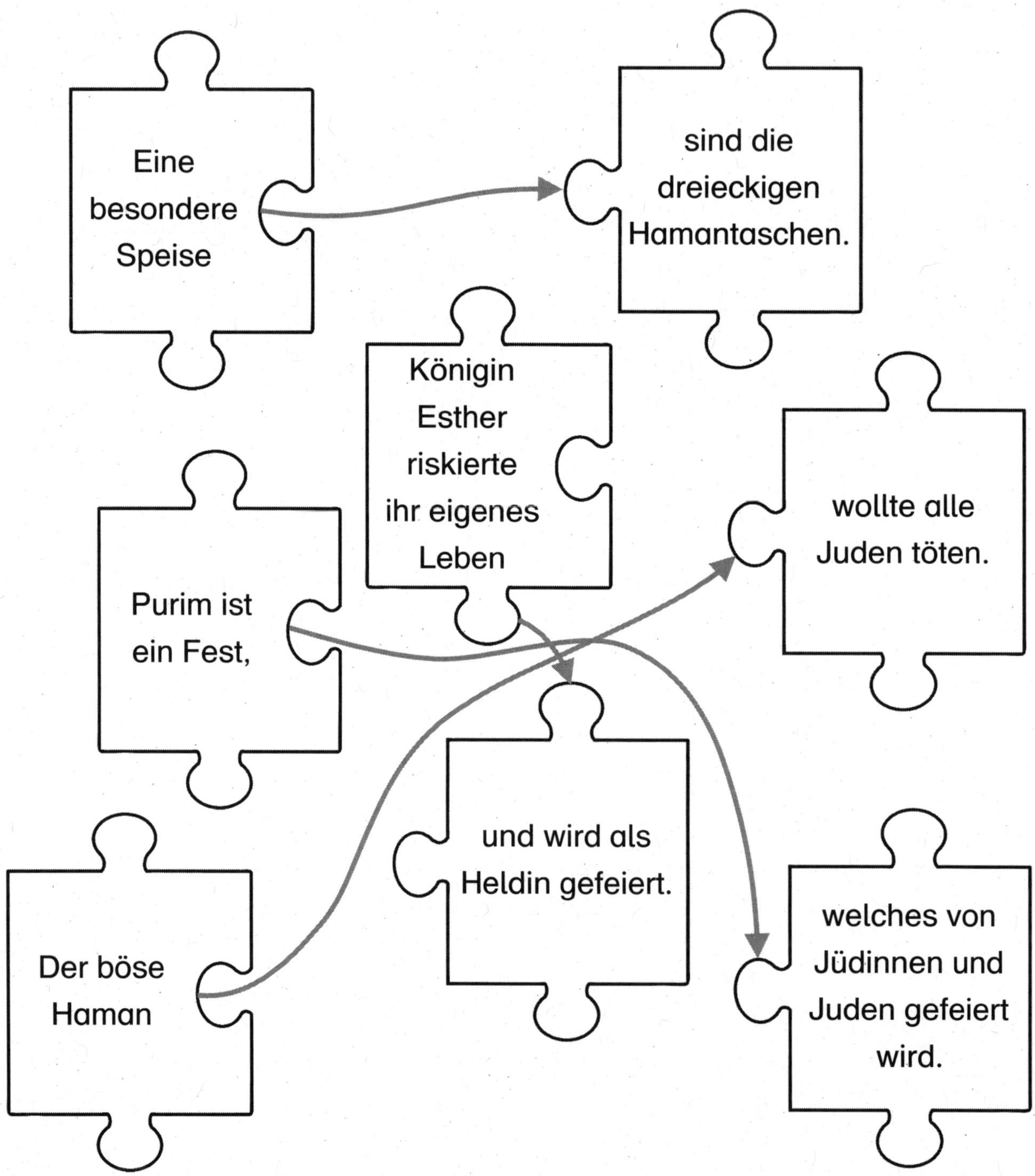

Tel Aviv – Lesetext

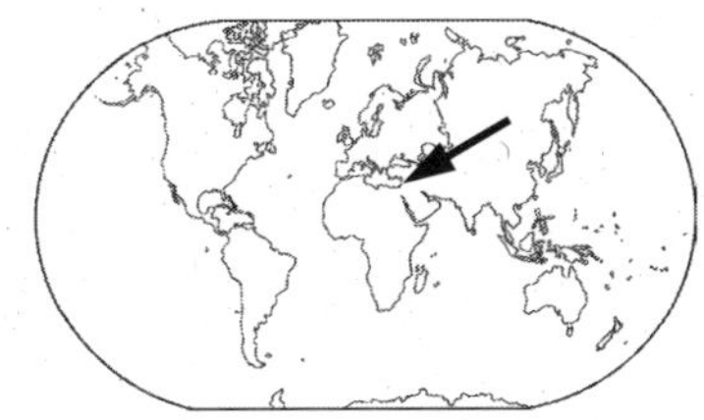

Herzlich willkommen in Tel Aviv! Ich bin gerade mit Mama in Tel Aviv angekommen. Das ist die zweitgrößte Stadt in Israel. Früher war sie sogar die Hauptstadt. Heute ist Jerusalem die Hauptstadt Israels.
Im Gegensatz zu Jerusalem ist Tel Aviv eine sehr junge Stadt. Sie liegt direkt am Mittelmeer und gilt als die lebhafteste Stadt in Israel.

Wie in ganz Israel wird auch in Tel Aviv Hebräisch gesprochen. Die hebräische Schrift ist mehr als 2000 Jahre alt. Sie besteht aus 27 Buchstaben. Anders als im Deutschen gibt es keine Groß- und Kleinschreibung. Eine weitere Besonderheit der hebräischen Schrift ist, dass sie von rechts nach links geschrieben und gelesen wird. Wie jede andere Sprache hat sich auch Hebräisch immer wieder verändert. Das moderne Hebräisch wird Ivrit genannt und gilt als Amtssprache in Israel. Außerdem wird diese Sprache in den Synagogen auf der ganzen Welt verwendet.

In Tel Aviv gibt es viele Sehenswürdigkeiten, wie die vielen Synagogen. Eine Synagoge ist ein Haus, in dem Juden ihren Gottesdienst feiern. Das Wort Synagoge stammt aus dem Griechischen und bedeutet Versammlung. Auf Hebräisch heißt Synagoge „Beit Knesset".

Neben den Synagogen ist auch die so genannte Wunschbrücke eine bekannte Sehenswürdigkeit in Tel Aviv. Die Wunschbrücke hat ein hölzernes Brückengeländer mit Bronzestatuen. Die Bronzestatuen zeigen die zwölf Sternzeichen. Nach einer alten Geschichte werden Wünsche wahr, wenn man sich neben sein Sternzeichen stellt und fest an seinen Wunsch denkt. Dabei sollte man am besten aufs Meer schauen und sich ganz fest auf seinen Wunsch konzentrieren.

1. Gestaltet eure eigene Wunschecke in der Klasse.
   - Du brauchst das Blatt „Tel Aviv – Sternzeichen". Male dein Sternzeichen an.
   - Schreibe deinen Wunsch zu dem Sternzeichen.
   - Schneide das Sternzeichen mit deinem Wunsch aus.
   - Hänge dein Sternzeichen zu denen der anderen Kinder an die Wand.

Tel Aviv – Sternzeichen

1. Male dein Sternzeichen an. Schreibe deinen Wunsch zu dem Sternzeichen.
2. Schneide das Sternzeichen mit deinem Wunsch aus.
3. Hänge dein Sternzeichen zu denen der anderen Kinder.

Tel Aviv – Domino

1. Schneide die Kärtchen an den gestrichelten Linien entlang aus.
2. Klebe das Domino in der richtigen Reihenfolge auf ein Blatt Papier.

Karte	linke Hälfte	rechte Hälfte
1	Jerusalem ist die Hauptstadt Israels. 	Tel Aviv ist die zweitgrößte Stadt Israels.
2	Die Bronze-Statuen zeigen die Sternzeichen.	Nach einer alten Geschichte werden dort Wünsche wahr.
3	Habt ihr auch Wünsche?	Dann gestaltet eine Wunsch-Klassen-Ecke.
4	Hebräisch wird von rechts nach links gelesen und geschrieben.	Hebräisch wird in den Synagogen auf der ganzen Welt verwendet.
5	Tel Aviv liegt am Mittelmeer. 	In Israel wird Hebräisch gesprochen.
6	In Tel Aviv gibt es viele Synagogen. 	Die Wunschbrücke ist eine bekannte Sehenswürdigkeit.
7	Die Brücke hat ein Geländer aus Holz.	Auf der Brücke sind Statuen aus Bronze.
8	In einer Synagoge feiern Juden ihren Gottesdienst.	Das Wort Synagoge heißt so viel wie Versammlung
9	Damit der Wunsch wahr wird, muss man an ihn denken.	Dann muss man aufs Meer schauen.
10	Die hebräische Schrift ist mehr als 2000 Jahre alt	Die Schrift hat keine Groß- und Kleinschreibung.

Tel Aviv – Domino Lösung

1. Schneide die Kärtchen an den gestrichelten Linien entlang aus.
2. Klebe das Domino in der richtigen Reihenfolge auf ein Blatt Papier.

Jerusalem ist die Hauptstadt Israels. 	Tel Aviv ist die zweitgrößte Stadt Israels.	Tel Aviv liegt am Mittelmeer. 	In Israel wird Hebräisch gesprochen.
Die hebräische Schrift ist mehr als 2000 Jahre alt	Die Schrift hat keine Groß- und Kleinschreibung.	Hebräisch wird von rechts nach links gelesen und geschrieben.	Hebräisch wird in den Synagogen auf der ganzen Welt verwendet.
In einer Synagoge feiern Juden ihren Gottesdienst.	Das Wort Synagoge heißt so viel wie Versammlung	In Tel Aviv gibt es viele Synagogen. 	Die Wunschbrücke ist eine bekannte Sehenswürdigkeit.
Die Brücke hat ein Geländer aus Holz.	Auf der Brücke sind Statuen aus Bronze.	Die Bronze-Statuen zeigen die Sternzeichen.	Nach einer alten Geschichte werden dort Wünsche wahr.
Damit der Wunsch wahr wird, muss man an ihn denken.	Dann muss man aufs Meer schauen.	Habt ihr auch Wünsche?	Dann gestaltet eine Wunsch-Klassen-Ecke.

Zuckerfest – Lesetext

Guten Morgen aus Jordanien!

Mach dir keine Sorgen, mir geht es gut, obwohl ich einige Wörter rückwärts geschrieben habe. Arabisch, so sprechen die Menschen hier in Jordanien, wird von rechts nach links geschrieben und gelesen.
Gestern durfte ich zum ersten Mal beim Fest des Fastenbrechens dabei sein. Ein Freund von Mama hat uns dazu zu sich nach Hause eingeladen. Er hat mir erklärt, dass dieses Fest auch Zuckerfest genannt wird, weil viele Süßigkeiten gegessen werden. Das Fest feiern die Muslime am Ende des Fastenmonats Ramadan. Ramadan dauert einen Monat lang, von einem Neumond bis zum nächsten. Das sind zwischen 28 und 30 Tage. Während dieser Zeit fasten Muslime, solange die Sonne am Himmel steht, also den ganzen Tag. Sie essen und trinken nur morgens vor Sonnenaufgang und abends nach Sonnenuntergang. Tagsüber sind strenggenommen nicht einmal ein Keks oder ein Glas Wasser erlaubt. Kannst du dir das vorstellen? Das gilt aber nur für gesunde Erwachsene. Kinder, schwangere Frauen und ältere Menschen müssen nicht fasten. Du fragst dich jetzt bestimmt, warum Muslime das machen. Durch das Fasten wollen sie sich auf ihren Glauben konzentrieren und auch an ärmere Menschen denken, die in Not sind. Einen Tag vor dem Zuckerfest soll man nochmal einem Menschen helfen, der nicht so viel hat. Da der Fastenmonat Ramadan vom Mondkalender abhängt, gibt es für das Fest des Fastenbrechens kein festes Datum im Jahr. So wie beim christlichen Osterfest. Es hängt vom Mond ab, wann gefastet und danach gefeiert wird. Am Ende der Fastenzeit beginnen die Vorbereitungen für das Zuckerfest. Für das Fest besorgen die Familien viele Süßigkeiten und kochen traditionelle Speisen, wie zum Beispiel Baklava. Das ist ein Gebäck aus Blätterteig, mit einer Füllung aus Nüssen oder Pistazien. Es ist ziemlich süß und so lecker! Muslime, die weiter weg wohnen, reisen in ihre Heimat und feiern mit ihrer Familie. Vorher werden noch Geschenke für die Kinder und schicke Kleidung fürs Fest eingekauft. Das Zuckerfest ist ein religiöses Fest und beginnt nach einem Besuch in der Moschee. Danach wird mit der Familie und Freunden gefeiert. Dabei werden die zuvor zubereiteten Speisen und Süßigkeiten gegessen. Beim Fest gibt es eine besondere Begrüßung, nämlich „Eid Mubarak“. Das bedeutet so viel wie „gesegnetes Fest“. Hast du gewusst, dass jeder das Zuckerfest mitfeiern darf? Also auch Nicht-Muslime dürfen, wenn sie eingeladen werden, das Fest des Fastenbrechens mitfeiern. Für mich war es ein einmaliges Erlebnis!

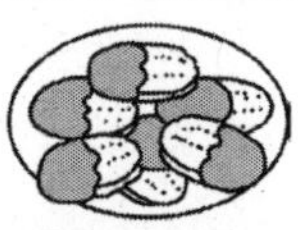

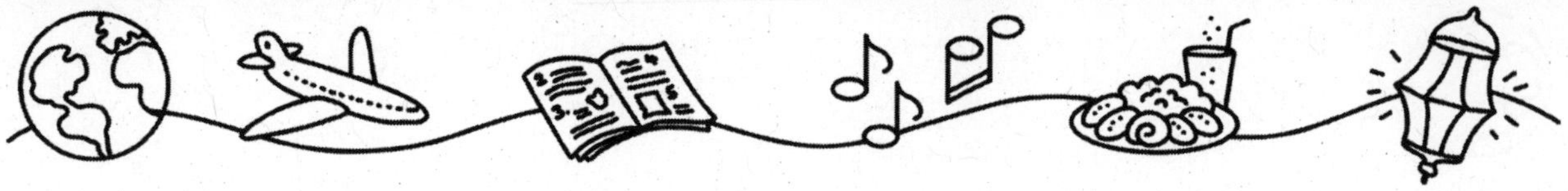

Zuckerfest – Lesetext

Guten Morgen aus Jordanien!
Du wunderst dich bestimmt, warum manche Wörter rückwärts geschrieben sind. In Jordanien wird Arabisch gesprochen. Diese Sprache wird von rechts nach links gelesen.

Gestern durfte ich zum ersten Mal beim Fest des Fastenbrechens dabei sein. Es wird auch Zuckerfest genannt, weil es viele Süßigkeiten gibt. Ein Freund von Mama hat uns zu sich nach Hause eingeladen und wir haben viele leckere Speisen gegessen. Das Fest des Fastenbrechens feiern die Muslime am Ende des Fastenmonats Ramadan. Ramadan dauert einen Monat lang. In diesem Monat fasten Muslime den ganzen Tag. Sie essen und trinken nur vor Sonnenaufgang und nach Sonnenuntergang. Stell dir vor, tagsüber ist nicht einmal ein Glas Wasser erlaubt. Das gilt aber nur für gesunde Erwachsene. Kinder und ältere Menschen müssen nicht fasten. Durch das Fasten wollen Muslime sich auf ihren Glauben konzentrieren. Sie denken dabei auch an ärmere Menschen und wollen ihre Not besser verstehen. Einen Tag vor dem Fest soll man einem Menschen helfen, der nicht so viel besitzt. Wann der Fastenmonat Ramadan stattfindet, hängt vom Mondkalender ab. Daher gibt es für das Fest des Fastenbrechens kein festes Datum im Jahr. Das ist so wie beim christlichen Osterfest.

Am Ende der Fastenzeit wird alles für das Fest des Fastenbrechens vorbereitet. Die Familien kaufen Geschenke für die Kinder und festliche Kleidung. Viele Muslime reisen zu ihren Familien, um dort gemeinsam zu feiern. Davor wird viel gekocht und gebacken, wie zum Beispiel Baklava. Das ist ein Gebäck aus Blätterteig, mit einer Füllung aus Nüssen oder Pistazien.

Das Zuckerfest beginnt nach einem Besuch in der Moschee. Dann wird mit der Familie und Freunden gefeiert. Beim Fest gibt es eine besondere Begrüßung, nämlich „Eid Mubarak“. Das bedeutet so viel wie „gesegnetes Fest“.

Hast du gewusst, dass jeder das Zuckerfest mitfeiern darf? Auch Nicht-Muslime dürfen das Fest des Fastenbrechens mitfeiern, wenn sie eingeladen werden.
Für mich war es ein einmaliges Erlebnis!

Zuckerfest – Aufgabe

1. Kreuze die Antwort an und setze die Lösungszahlen in das Rezept unten ein.

(c) **Warum fasten Muslime 28 bis 30 Tage lang?**
o zum Abnehmen (180)
o um an ärmere Menschen zu denken (150)
o um gesund zu bleiben (200)

(a) **Welche Sprache sprechend die Menschen in Jordanien?**
o Deutsch (300)
o Arabisch (125)
o Englisch (15)

(b) **Wie heißt der Fastenmonat im Islam?**
o Ramadan (70)
o Fasten (50)
o Eid Mubarak (30)

(e) **Warum wird das Fest des Fastenbrechens auch Zuckerfest genannt?**
o Es gibt viele Süßigkeiten beim Fest. (120)
o Zucker wird statt Konfetti geworfen. (200)
o Geschenke werden mit Zucker bezahlt. (160)

(d) **Wovon hängt das Datum des Ramadans und des Zuckerfestes ab?**
o vom Sonnenaufgang (90)
o vom Kalender (30)
o vom Mondkalender (50)

(f) **Welche Begrüßung wird beim Fest des Fastenbrechens verwendet?**
o Eid Mubarak (1)
o Eid al Fitr (0)
o Moschee (3)

(g) **Wer darf das Zuckerfest mitfeiern?**
o nur gesunde Erwachsene (5)
o nur Kinder (7)
o jeder (3)

Ein leckeres Rezept für Baklava:
(a) _______ g Filoteig aus dem Kühlregal oder 5 Strudelteigblätter
(b) _______ ml Wasser
(c) _______ g Zucker
(d) _______ g Honig
(d) _______ g gehackte Pistazien
(e) _______ g gehackte Mandeln
(e) _______ g gehackte Walnüsse
(f) _______ TL Zimt
(a) _______ g flüssige Butter
(g) _______ EL gehackte Pistazien zum Garnieren
Und etwas Butter für die Form.

Zuckerfest – Aufgabe Lösung

1. Kreuze die Antwort an und setze die Lösungszahlen in das Rezept unten ein.

(c) Warum fasten Muslime 28 bis 30 Tage lang?
- o zum Abnehmen (180)
- ☒ um an ärmere Menschen zu denken (150)
- o um gesund zu bleiben (200)

(a) Welche Sprache sprechend die Menschen in Jordanien?
- o Deutsch (300)
- ☒ Arabisch (125)
- o Englisch (15)

(b) Wie heißt der Fastenmonat im Islam?
- ☒ Ramadan (70)
- o Fasten (50)
- o Eid Mubarak (30)

(e) Warum wird das Fest des Fastenbrechens auch Zuckerfest genannt?
- ☒ Es gibt viele Süßigkeiten beim Fest. (120)
- o Zucker wird statt Konfetti geworfen. (200)
- o Geschenke werden mit Zucker bezahlt. (160)

(d) Wovon hängt das Datum des Ramadans und des Zuckerfestes ab?
- o vom Sonnenaufgang (90)
- o vom Kalender (30)
- ☒ vom Mondkalender (50)

(f) Welche Begrüßung wird beim Fest des Fastenbrechens verwendet?
- ☒ Eid Mubarak (1)
- o Eid al Fitr (0)
- o Moschee (3)

(g) Wer darf das Zuckerfest mitfeiern?
- o nur gesunde Erwachsene (5)
- o nur Kinder (7)
- ☒ jeder (3)

Ein leckeres Rezept für Baklava:	
(a) 125 g Filoteig aus dem Kühlregal oder 5 Strudelteigblätter	(e) 120 g gehackte Mandeln
(b) 70 ml Wasser	(e) 120 g gehackte Walnüsse
(c) 150 g Zucker	(f) 1 TL Zimt
(d) 50 g Honig	(a) 125 g flüssige Butter
(d) 50 g gehackte Pistazien	(g) 3 EL gehackte Pistazien zum Garnieren
	Und etwas Butter für die Form.

Jordanien – Lesetext

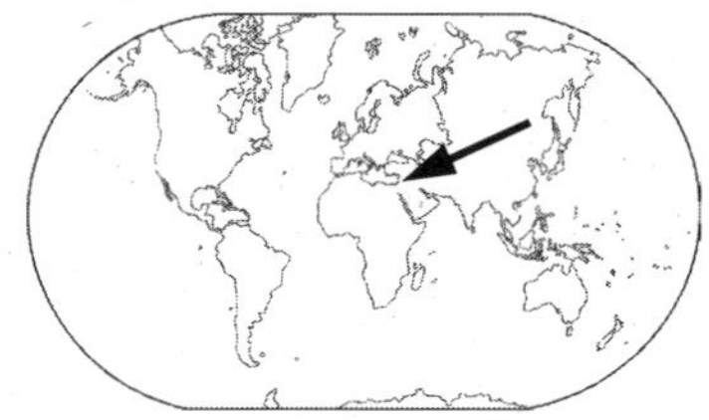

Mama und ich schauen uns heute die Felsenstadt Petra und eine Wüste in Jordanien an. Wusstest du, dass das Land Jordanien eigentlich ein Königreich ist? Der König hat jedoch nicht die alleinige Macht. Es gibt auch ein Parlament, das Entscheidungen trifft. Jordanien liegt im Westen von Asien und ist ungefähr so groß wie Österreich. Das Land grenzt sowohl an das Rote Meer als auch an das Tote Meer. Die Hauptstadt des Königreiches ist Amman. Amman gehört zu den ältesten Städten der Welt. Die Stadt ist sehr schön und es gibt einige antike Bauwerke. Nachdem Mama und ich das muslimische Zuckerfest mitgefeiert haben, haben wir eine Stadttour gemacht. Zum Glück sind Mamas Freunde mitgekommen, denn ich konnte die Menschen in der Stadt nicht verstehen. Hier und in ganz Jordanien wird Arabisch gesprochen.

Ein Großteil von Jordanien besteht aus Wüste. Wadi Rum ist die berühmteste Wüste in Jordanien und das größte Wadi. Wadi ist die arabische Bezeichnung für einen ausgetrockneten Fluss. Wadi Rum ist heute ein Naturreservat. Das heißt, dass es geschützt wird. Trotzdem können Touristen es sich anschauen.

Die Felsenstadt Petra liegt im Wadi Musa. Sie gehört zu den wichtigsten Sehenswürdigkeiten in Jordanien. Die roten Felswände ragen bis zu 100 Meter in die Höhe. Die massiven Häuser wurden nicht gebaut, sondern in den Fels gehauen. Riesige Grabmäler und Tempelanlagen wurden so erschaffen. Über knapp tausend Stufen kommt man zu einem alten Kloster. Von dort hat man einen einzigartigen Blick über die Schluchten. Die Stadt in der Wüste ist über 2000 Jahre alt. Heute ist die Felsenstadt Petra unbewohnt und gehört zu den neuen Weltwundern.

Jordanien – Aufgabe

Puh, die Hitze hier in Jordanien macht mir ganz schön zu schaffen.
Leider habe ich die Informationen für dich durcheinandergebracht.

1. Welches Textkärtchen gehört zu welcher Überschrift? Unterstreiche die zusammengehörenden Informationen in derselben Farbe.
2. Nummeriere die Kärtchen jeder Farbe, so dass sie einen Text ergeben.

Jordanien | **Felsenstadt Petra** | **Wüste in Jordanien**

Das Land Jordanien ist ein Königreich. Allerdings hat nicht der König die alleinige Macht, sondern es gibt auch ein Parlament.

Über knapp tausend Stufen kommt man zu einem Kloster in den Felsen. Von dort hat man einen einzigartigen Blick über die Schluchten.

Ein Großteil von Jordanien besteht aus Wüste. Wadi Rum ist die berühmteste Wüste in Jordanien und das größte Wadi.

Die roten Felswände ragen bis zu 100 Meter in die Höhe. Die Wüstenstadt hat riesige Grabmäler und Tempelanlagen.

Heute ist die Felsenstadt Petra unbewohnt und gehört zu den neuen Weltwundern.

Wadi Rum ist heute ein Naturreservat. Das heißt, es kann von Touristen besucht werden, wird aber geschützt.

Jordanien liegt im Westen von Asien und ist ungefähr so groß wie Österreich. Das Land grenzt an das Rote Meer und an das Tote Meer.

Amman ist eine der ältesten Städte der Welt. In Jordanien wird Arabisch gesprochen.

Die Hauptstadt des Königreiches ist Amman.

Wadi ist die arabische Bezeichnung für einen ausgetrockneten Fluss.

Die Stadt in der Wüste ist über 2000 Jahre alt. Sie besteht aus hohen Häusern, die in den Felsen gehauen wurden.

Die meisten Menschen in Jordanien sind Muslime. Das heißt, sie gehören der Religion des Islams an.

Jordanien – Aufgabe Lösung

Puh, die Hitze hier in Jordanien macht mir ganz schön zu schaffen.
Leider habe ich die Informationen für dich durcheinandergebracht.

1. Welches Textkärtchen gehört zu welcher Überschrift? Unterstreiche die zusammengehörenden Informationen in derselben Farbe.
2. Nummeriere die Kärtchen jeder Farbe, so dass sie einen Text ergeben.

Jordanien | **Felsenstadt Petra** | **Wüste in Jordanien**

Das Land Jordanien ist ein Königreich. Allerdings hat nicht der König die alleinige Macht, sondern es gibt auch ein Parlament. 1

Über knapp tausend Stufen kommt man zu einem Kloster in den Felsen. Von dort hat man einen einzigartigen Blick über die Schluchten. 4

Ein Großteil von Jordanien besteht aus Wüste. Wadi Rum ist die berühmteste Wüste in Jordanien und das größte Wadi. 1

Die roten Felswände ragen bis zu 100 Meter in die Höhe. Die Wüstenstadt hat riesige Grabmäler und Tempelanlagen. 3

Heute ist die Felsenstadt Petra unbewohnt und gehört zu den neuen Weltwundern. 2

Wadi Rum ist heute ein Naturreservat. Das heißt, es kann von Touristen besucht werden, wird aber geschützt. 3

Jordanien liegt im Westen von Asien und ist ungefähr so groß wie Österreich. Das Land grenzt an das Rote Meer und an das Tote Meer. 2

Amman ist eine der ältesten Städte der Welt. In Jordanien wird Arabisch gesprochen. 4

Die Hauptstadt des Königreiches ist Amman. 3

Wadi ist die arabische Bezeichnung für einen ausgetrockneten Fluss. 2

Die Stadt in der Wüste ist über 2000 Jahre alt. Sie besteht aus hohen Häusern, die in den Felsen gehauen wurden. 1

Die meisten Menschen in Jordanien sind Muslime. Das heißt, sie gehören der Religion des Islams an. 5

Jordanien – Lesetext

Mama und ich schauen uns heute die Felsenstadt Petra und eine Wüste in Jordanien an.

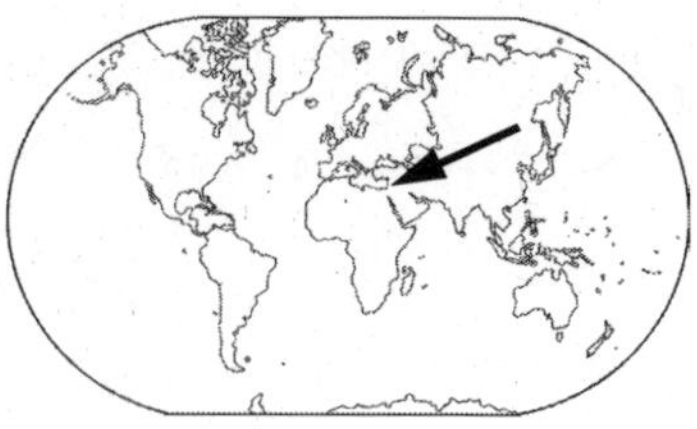

Wusstest du, dass das Land Jordanien eigentlich ein Königreich ist? Der König hat jedoch nicht die alleinige Macht. Es gibt auch ein Parlament, das wichtige Entscheidungen trifft.

Jordanien liegt im Westen von Asien und ist ungefähr so groß wie Österreich.

Das Land grenzt sowohl an das Rote Meer als auch an das Tote Meer.

Die Hauptstadt des Königreiches ist Amman. Amman gehört zu den ältesten Städten der Welt. Die Stadt ist sehr schön und es gibt einige antike Bauwerke. Nachdem Mama und ich das muslimische Zuckerfest mitgefeiert haben, haben wir eine Stadttour gemacht. Zum Glück sind Mamas Freunde mitgekommen, denn ich konnte die Menschen in der Stadt nicht verstehen. Hier und in ganz Jordanien wird Arabisch gesprochen.

Ein Großteil von Jordanien besteht aus Wüste. Wadi Rum ist die berühmteste Wüste in Jordanien. Es ist das größte Wadi. Wadi ist die arabische Bezeichnung für einen ausgetrockneten Fluss.

Die Felsenstadt Petra liegt im Wadi Musa. Sie ist eine berühmte Sehenswürdigkeit in Jordanien. Die Stadt in der Wüste ist mehr als 2000 Jahre alt. In Petra sind die Häuser nicht gebaut worden. Sie wurden aus dem Felsen herausgehauen. Die roten Felswände sind bis zu 100 Meter hoch. In der Felsenstadt gibt es riesige Gräber und Tempelanlagen. Zu einem Kloster führen knapp tausend Stufen hinauf. Heute lebt niemand mehr in der Felsenstadt Petra. Allerdings gehört sie zu den neuen Weltwundern.

Jordanien – Aufgabe

Puh, hier in Jordanien ist es sehr heiß. Dadurch bin ich etwas durcheinander. Die Informationen, die ich dir aufschreiben wollte, haben sich vermischt.

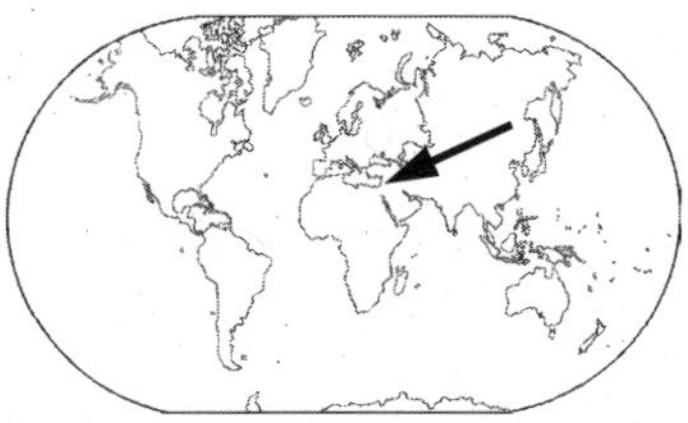

1. Schneide die Überschriften aus und lege sie nebeneinander auf ein Blatt Papier. Lasse viel Platz zwischen den Überschriften.

Jordanien | **Wüste in Jordanien** | **Felsenstadt Petra**

2. Schneide die Satzkästchen aus. Lege sie zu den richtigen Überschriften.
3. Kontrolliere dein Ergebnis und klebe die Kästchen dann auf.

Das Land Jordanien ist ein Königreich. Jordanien liegt im Westen von Asien.

Ein Großteil von Jordanien besteht aus Wüste. Wadi Rum ist die berühmteste Wüste dort.

Die meisten Menschen in Jordanien sind Muslime. Das heißt, sie gehören der Religion des Islams an.

Die Hauptstadt des Königreiches ist Amman. In Jordanien wird Arabisch gesprochen.

Die Felsenstadt Petra liegt im Wadi Musa. Sie ist eine wichtige Sehenswürdigkeit in Jordanien.

Es ist das größte Wadi.

Jordanien grenzt an das Rote Meer und an das Tote Meer.

Zu einem Kloster führen knapp tausend Stufen hinauf. Heute lebt niemand in der Felsenstadt Petra.

Das Land ist ungefähr so groß wie Österreich.

Die roten Felswände sind bis zu 100 Meter hoch.

Wadi ist die arabische Bezeichnung für einen ausgetrockneten Fluss.

Die Stadt in der Wüste ist mehr als 2000 Jahre alt. In Petra sind die Häuser in den Felsen gehauen.

In der Felsenstadt gibt es riesige Gräber und Tempelanlagen.

Jordanien – Aufgabe Lösung

Jordanien

Das Land Jordanien ist ein Königreich. Jordanien liegt im Westen von Asien.

Das Land ist ungefähr so groß wie Österreich.

Jordanien grenzt an das Rote Meer und an das Tote Meer.

Die Hauptstadt des Königreiches ist Amman. In Jordanien wird Arabisch gesprochen.

Die meisten Menschen in Jordanien sind Muslime. Das heißt, sie gehören der Religion des Islams an.

Felsenstadt Petra

Die Felsenstadt Petra liegt im Wadi Musa. Sie ist eine wichtige Sehenswürdigkeit in Jordanien.

Die Stadt in der Wüste ist mehr als 2000 Jahre alt. In Petra sind die Häuser in den Felsen gehauen.

Die roten Felswände sind bis zu 100 Meter hoch.

In der Felsenstadt gibt es riesige Gräber und Tempelanlagen.

Zu einem Kloster führen knapp tausend Stufen hinauf. Heute lebt niemand in der Felsenstadt Petra.

Wüste in Jordanien

Ein Großteil von Jordanien besteht aus Wüste. Wadi Rum ist die berühmteste Wüste dort.

Es ist das größte Wadi.

Wadi ist die arabische Bezeichnung für einen ausgetrockneten Fluss.

Kindertag – Lesetext

Konnichiwa aus Japan! Ich bin mit Mama in Tokio gelandet und darf mit ihren Freunden den japanischen Kindertag mitfeiern. Dieses Fest heißt in Japan „Kodomo no hi“. Jedes Jahr am 5. Mai wird hier das so genannte Kinderfest gefeiert. Früher war es ein Festtag nur für die Jungen, da am 3. März der Mädchentag gefeiert wurde. Jetzt werden alle Kinder gefeiert. Dabei werden bunte Windsäcke aus bedruckten Stoffen aufgehängt. Diese Windsäcke haben die Form von Karpfen. Der Karpfen schwimmt gegen den Strom und ist somit ein Symbol für Stärke, Mut und Ausdauer. Diese Eigenschaften erinnern an die Taten der Samurai. Samurai waren früher die Krieger in Japan. Eltern wünschen sich, dass ihre Kinder so heldenhaft, kraftvoll und erfolgreich wie die Samurai werden. Die Karpfenfahnen haben verschiedene Farben. Für den Vater wird ein schwarzer Karpfen, für die Mutter ein roter und für den Sohn ein blauer Karpfen aufgehängt. Für die Töchter gibt es keine festgelegten Farben.

Neben den bunten Windsäcken werden Samurai-Puppen und Samurai-Helme ausgestellt. Früher wurden die Kinder auch in einem Bad mit Irisblüten gebadet, da diese Blüten wie Samurai-Schwerter aussehen. Eine besondere Spezialität, die am Kindertag gegessen wird, sind Kashiwa-Mochi. Das sind in Eichenblätter gehüllte, süße Reiskuchen. Im Mittelpunkt des Festes stehen das Glück und die Gesundheit der Kinder. Weißt du alles über den Kindertag in Japan?

1. Unterstreiche die Überschriften und die dazu passenden Sätze in der gleichen Farbe. Achtung, ein paar Sätze sind zu viel.

Datum des Festes	**Besondere Symbole**	**Besondere Speisen**

Überall hängen Karpfenfahnen.

Am 5. Mai wird gefeiert.

Der Karpfen steht für Mut und Stärke.

Überall hängen Drachenfahnen.

Am 5. März wird gefeiert.

Irisblüten spielten früher eine wichtige Rolle.

Samurai-Puppen werden ausgestellt.

Es gibt Kashiwa-Mochi zu essen.

Das sind süße Reiskuchen in Eichenblätter gehüllt.

Kindertag – Lesetext Lösung

Konnichiwa aus Japan! Ich bin mit Mama in Tokio gelandet und darf mit ihren Freunden den japanischen Kindertag mitfeiern. Dieses Fest heißt in Japan „Kodomo no hi“. Jedes Jahr am 5. Mai wird hier das so genannte Kinderfest gefeiert. Früher war es ein Festtag nur für die Jungen, da am 3. März der Mädchentag gefeiert wurde. Jetzt werden alle Kinder gefeiert. Dabei werden bunte Windsäcke aus bedruckten Stoffen aufgehängt. Diese Windsäcke haben die Form von Karpfen. Der Karpfen schwimmt gegen den Strom und ist somit ein Symbol für Stärke, Mut und Ausdauer. Diese Eigenschaften erinnern an die Taten der Samurai. Samurai waren früher die Krieger in Japan. Eltern wünschen sich, dass ihre Kinder so heldenhaft, kraftvoll und erfolgreich wie die Samurai werden. Die Karpfenfahnen haben verschiedene Farben. Für den Vater wird ein schwarzer Karpfen, für die Mutter ein roter und für den Sohn ein blauer Karpfen aufgehängt. Für die Töchter gibt es keine festgelegten Farben.

Neben den bunten Windsäcken werden Samurai-Puppen und Samurai-Helme ausgestellt. Früher wurden die Kinder auch in einem Bad mit Irisblüten gebadet, da diese Blüten wie Samurai-Schwerter aussehen. Eine besondere Spezialität, die am Kindertag gegessen wird, sind Kashiwa-Mochi. Das sind in Eichenblätter gehüllte, süße Reiskuchen. Im Mittelpunkt des Festes stehen das Glück und die Gesundheit der Kinder. Weißt du alles über den Kindertag in Japan?

1. Unterstreiche die Überschriften und die dazu passenden Sätze in der gleichen Farbe. Achtung, ein paar Sätze sind zu viel.

Datum des Festes	**Besondere Symbole**	**Besondere Speisen**

Überall hängen Karpfenfahnen.

Am 5. Mai wird gefeiert.

Der Karpfen steht für Mut und Stärke.

Überall hängen Drachenfahnen.

Am 5. März wird gefeiert.

Irisblüten spielten früher eine wichtige Rolle.

Samurai-Puppen werden ausgestellt.

Es gibt Kashiwa-Mochi zu essen.

Das sind süße Reiskuchen in Eichenblätter gehüllt.

Lernbiene®

Kindertag – Lesetext

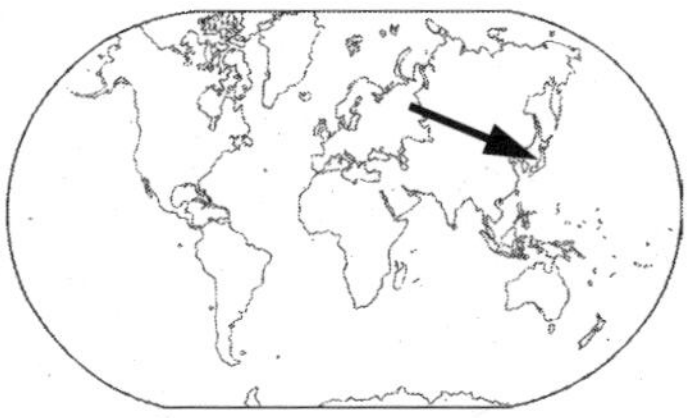

Konnichiwa aus Japan! Ich bin mit Mama in Tokio gelandet und darf mit ihren Freunden den japanischen Kindertag mitfeiern. Er wird immer am 5. Mai gefeiert. Früher war es der Jungentag. Heute werden an diesem Tag alle Kinder gefeiert.

Du kannst überall in der Stadt bunte Windsäcke sehen. Diese Windsäcke sehen aus wie Karpfen. Der Karpfen gilt als Symbol für Stärke, Mut und Ausdauer.

Diese Eigenschaften erinnern an die Taten der Samurai. Samurai waren früher die Krieger in Japan. Die Kraft und den Mut wünschen sich die Eltern auch für ihre Kinder.

Die Karpfenfahnen haben unterschiedliche Farben. Schwarze Karpfen stehen für den Vater, rote für die Mutter und blaue für die Söhne. Für die Töchter gibt es keine festgelegten Farben.

Am Kindertag werden auch Samurai-Puppen und Samurai-Helme ausgestellt. Früher wurden die Kinder in Wasser mit Irisblüten gebadet. Diese Blüten sehen aus, wie die Schwerter der Samurai. Eine besondere Speise am Kindertag sind Kashiwa-Mochi. Das sind in Eichenblätter gehüllte, süße Reiskuchen. Im Mittelpunkt des Festes stehen das Glück und die Gesundheit der Kinder. Weißt du alles über den Kindertag in Japan?

1. Unterstreiche die Überschriften und die passenden Sätze in der gleichen Farbe. Achtung, ein paar Sätze sind zu viel.

Datum des Festes | **Besondere Symbole** | **Besondere Speisen**

Irisblüten spielten früher eine wichtige Rolle.

Überall hängen Karpfenfahnen.

Der Karpfen steht für Mut und Stärke.

Am 5. Mai wird gefeiert.

Überall hängen Drachenfahnen.

Am 5. März wird gefeiert.

Es gibt Kashiwa-Mochi zu essen.

Kindertag – Lesetext Lösung

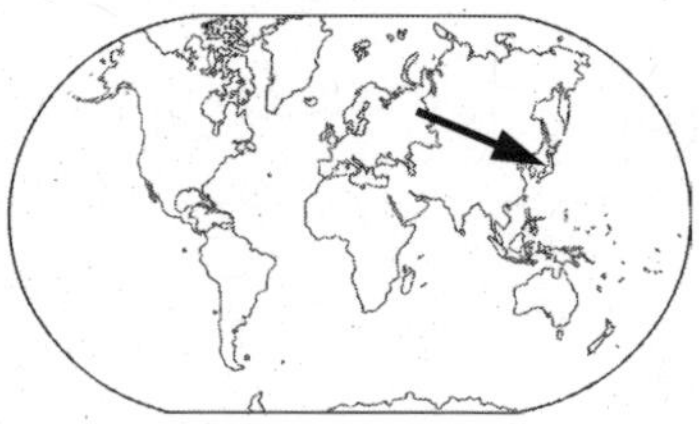

Konnichiwa aus Japan! Ich bin mit Mama in Tokio gelandet und darf mit ihren Freunden den japanischen Kindertag mitfeiern. Er wird immer am 5. Mai gefeiert. Früher war es der Jungentag. Heute werden an diesem Tag alle Kinder gefeiert.

Du kannst überall in der Stadt bunte Windsäcke sehen. Diese Windsäcke sehen aus wie Karpfen. Der Karpfen gilt als Symbol für Stärke, Mut und Ausdauer. Diese Eigenschaften erinnern an die Taten der Samurai. Samurai waren früher die Krieger in Japan. Die Kraft und den Mut wünschen sich die Eltern auch für ihre Kinder.

Die Karpfenfahnen haben unterschiedliche Farben. Schwarze Karpfen stehen für den Vater, rote für die Mutter und blaue für die Söhne. Für die Töchter gibt es keine festgelegten Farben.

Am Kindertag werden auch Samurai-Puppen und Samurai-Helme ausgestellt. Früher wurden die Kinder in Wasser mit Irisblüten gebadet. Diese Blüten sehen aus, wie die Schwerter der Samurai. Eine besondere Speise am Kindertag sind Kashiwa-Mochi. Das sind in Eichenblätter gehüllte, süße Reiskuchen. Im Mittelpunkt des Festes stehen das Glück und die Gesundheit der Kinder. Weißt du alles über den Kindertag in Japan?

1. Unterstreiche die Überschriften und die passenden Sätze in der gleichen Farbe. Achtung, ein paar Sätze sind zu viel.

Datum des Festes | **Besondere Symbole** | **Besondere Speisen**

Irisblüten spielten früher eine wichtige Rolle.

Überall hängen Karpfenfahnen.

Der Karpfen steht für Mut und Stärke.

Am 5. Mai wird gefeiert.

Überall hängen Drachenfahnen.

Am 5. März wird gefeiert.

Es gibt Kashiwa-Mochi zu essen.

Tokio – Lesetext

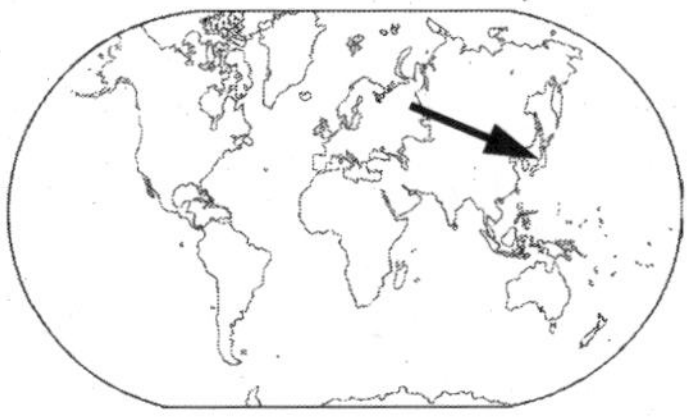

Nach dem Kinderfest haben Mamas Freunde mit uns eine Tour durch Tokio gemacht. Du glaubst nicht, was es da alles zu sehen gab!

Japan ist ein Land im Osten Asiens, das auf vier großen und vielen kleinen Inseln liegt. Dabei ist es ungefähr so groß wie Deutschland, hat aber viel mehr Einwohner. Große Teile Japans sind zusätzlich sehr gebirgig, weshalb wenig Fläche bleibt, um etwas zu bauen. Hast du eine Idee, wie sie dieses Problem gelöst haben?

Ganz einfach! Weil es wenig bebaubare Fläche gibt, bauen die Menschen in Japan ihre Häuser höher. Deshalb sieht man in der Hauptstadt Tokio auch einen Wolkenkratzer neben dem anderen. Tokio gilt als der größte Ballungsraum der Welt. Das heißt, dass auf sehr kleiner Fläche, sehr viele Menschen leben. Obwohl die Wolkenkratzer riesig sind, werden sie dennoch von einem anderen Gebäude überragt. Der so genannte Himmelsbaum in Tokio ist noch höher. Er ist einer der höchsten Fernsehtürme der Welt.

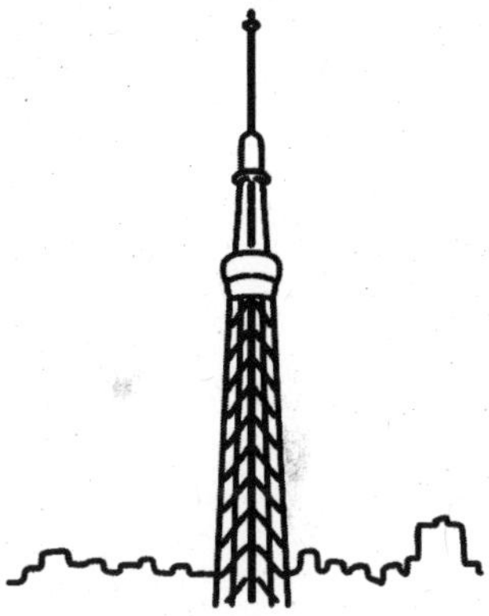

Solltest du einmal nach Japan reisen, gibt es einiges zu beachten. Die Stadt ist riesig, aber die Wohnungen in den Hochhäusern sind sehr klein. Beim Betreten einer Wohnung musst du die Schuhe ausziehen.

Vieles spielt sich auf dem Boden ab. Es gibt Tische mit kurzen Beinen vor dem die Menschen auf einem Kissen sitzen. So wird auch gegessen. Nach der Runde durch Tokio war ich hungrig und Mamas Freunde haben uns zum Abendessen eingeladen. Du kannst dir sicher vorstellen, dass das Essen mit den typischen Stäbchen eine große Herausforderung für mich war. Aber Achtung, egal, wie anstrengend das Essen mit den Stäbchen auch ist, stecke sie niemals aufrecht in den Reis. Das gilt als sehr unhöflich.

Als wir dann müde wurden, haben Mamas Freunde dicke Matratzen aus dem Schrank geholt, die sie auf dem Boden ausgerollt haben. Das waren die Betten, die hier Futon heißen. Obwohl sie nicht so hoch sind, wie ein Bett, war es sehr gemütlich.

Tokio – Aufgabe

1. Lies die Fragen und schreibe die Antworten auf die Linien darunter.

Ich liege auf einer der großen japanischen Inseln und bin die Hauptstadt dieses Landes.

____

Ich bin ganz flach und auf mir kannst du schlafen.

____

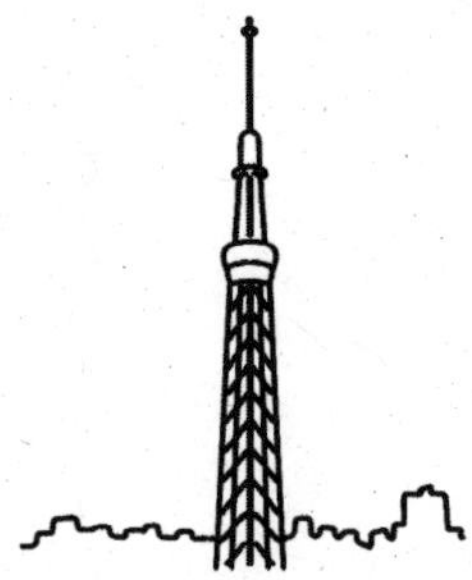

Ich bin einer der höchsten Fernsehtürme der Welt und stehe in Tokio.

____

Ich wärme deine Füße, aber wenn du ins Haus gehst, warte ich draußen auf dich.

____

Ich bin weder Gabel noch Löffel, aber du brauchst mich zum Essen.

____

Tokio – Aufgabe Lösung

1. Lies die Fragen und schreibe die Antworten auf die Linien darunter.

Ich liege auf einer der großen japanischen Inseln und bin die Hauptstadt dieses Landes.

Tokio

Ich bin ganz flach und auf mir kannst du schlafen.

Futon

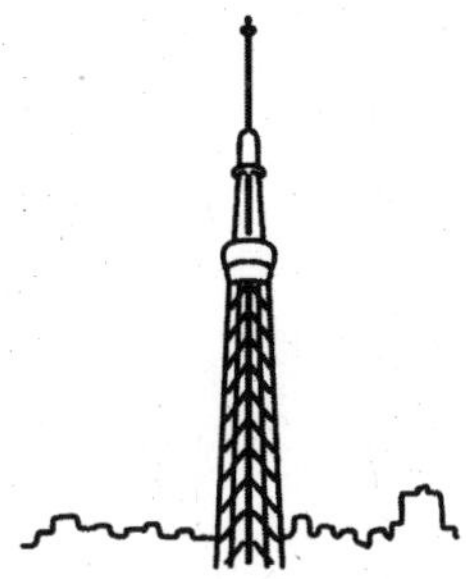

Ich bin einer der höchsten Fernsehtürme der Welt und stehe in Tokio.

Himmelsbaum

Ich wärme deine Füße, aber wenn du ins Haus gehst, warte ich draußen auf dich.

Schuhe

Ich bin weder Gabel noch Löffel, aber du brauchst mich zum Essen.

Stäbchen

Tokio – Lesetext

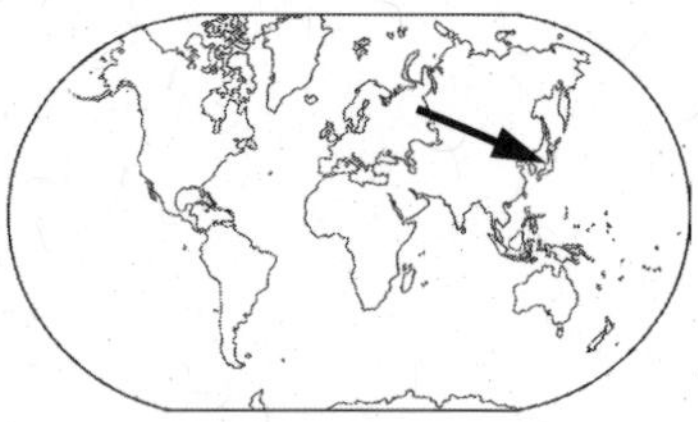

Das Kinderfest war super. Aber weißt du, was noch beeindruckender ist? Eine Stadtrundfahrt durch Tokio. Nach dem Kinderfest haben Mamas Freunde mit uns eine Fahrt quer durch Tokio gemacht. Es gibt so viel zu sehen in dieser riesigen Stadt. Aber auch das Land ist faszinierend. Japan ist ein Land im Osten Asiens. Es liegt auf vier großen und vielen kleinen Inseln. Das Land ist ungefähr so groß wie Deutschland. Es hat aber viel mehr

Einwohner. Hinzu kommt, dass es in Japan wenig Fläche zum Bauen gibt. Das liegt daran, dass das Land sehr viele Berge hat.
Deshalb bauen die Menschen in Japan ihre Häuser sehr hoch. In der Hauptstadt Tokio siehst du einen Wolkenkratzer neben dem anderen. Noch höher als die Wolkenkratzer ist der Himmelsbaum in Tokio. Das ist einer der größten Fernsehtürme der Welt.

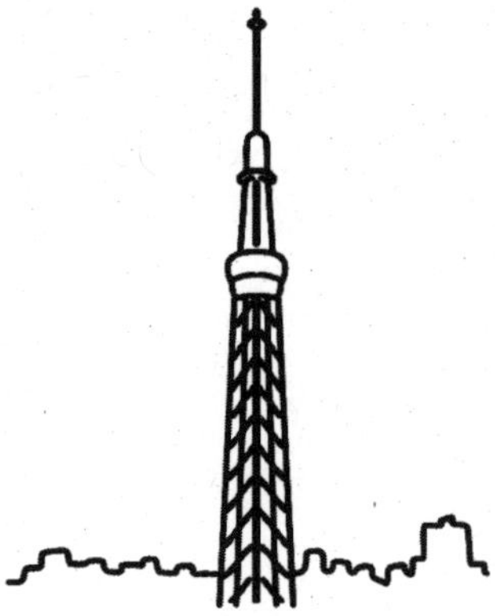

Solltest du einmal nach Japan reisen, gibt es einiges zu beachten. Die Stadt ist riesig, aber die Wohnungen in den Hochhäusern sind sehr klein.
Beim Betreten einer Wohnung musst du die Schuhe ausziehen.
Vieles spielt sich auf dem Boden ab. Es gibt Tische mit kurzen Beinen vor dem die Menschen auf einem Kissen sitzen. So wird auch gegessen. Nach der Runde durch Tokio war ich hungrig und Mamas Freunde haben uns zum Abendessen eingeladen. Zu

meiner großen Schüssel Reis mit Gemüse gab es allerdings keine Gabel, sondern Stäbchen. Für mich war es gar nicht so einfach, damit zu essen. Aber Achtung, egal, wie anstrengend das Essen mit den Stäbchen auch ist, stecke sie niemals aufrecht in den Reis.
Das ist ein Brauch bei Beerdigungen und gilt ansonsten als unhöflich.
Als wir nach dem Essen müde wurden, haben Mamas Freunde dicke Matratzen aus dem Schrank geholt, die sie auf dem Boden ausgerollt haben. Das waren die Betten, die hier Futon heißen. Obwohl das nicht so hoch ist wie ein Bett, war es sehr gemütlich.

Tokio – Aufgabe

1. Lies die Fragen und schreibe die Antworten auf die Linien darunter.

Ich bin die Hauptstadt dieses Landes.

____

Ich bin einer der höchsten Fernsehtürme der Welt und stehe in Tokio.

____

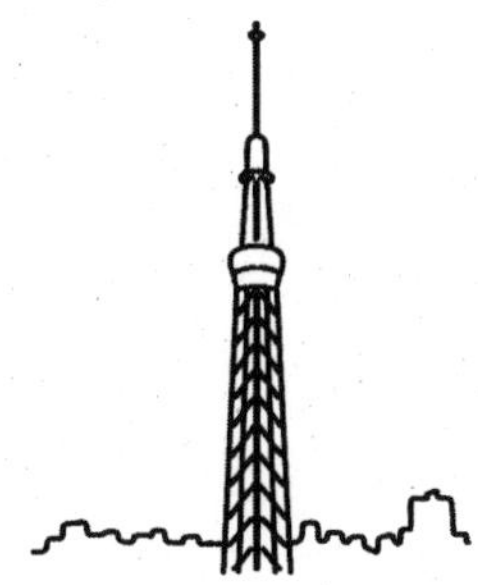

Ich wärme deine Füße, aber wenn du ins Haus gehst, warte ich draußen auf dich.

____

Mich bekommst du in Japan als Besteck.

____

Tokio – Aufgabe Lösung

1. Lies die Fragen und schreibe die Antworten auf die Linien darunter.

Ich bin die Hauptstadt dieses Landes.

Tokio

Ich bin einer der höchsten Fernsehtürme der Welt und stehe in Tokio.

Himmelsbaum

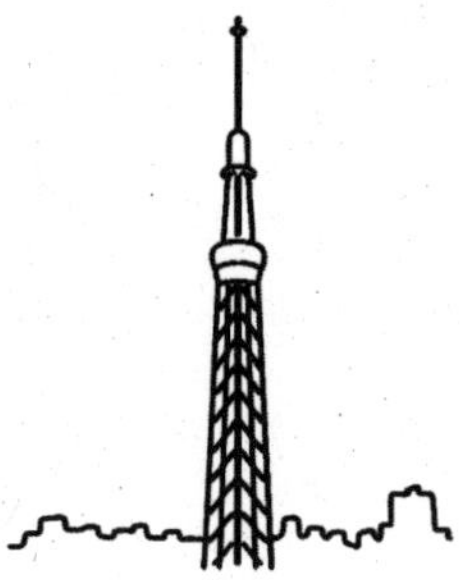

Ich wärme deine Füße, aber wenn du ins Haus gehst, warte ich draußen auf dich.

Schuhe

Mich bekommst du in Japan als Besteck.

Stäbchen

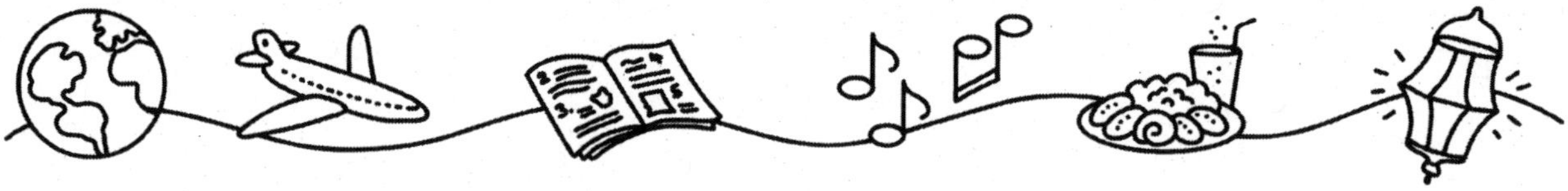

Kwanzaa – Lesetext (1)

Im Moment bin ich noch auf dem Weg nach New Orleans. Unterwegs hat sich meine beste Freundin Nala bei mir gemeldet. Sie feiert mit ihrer Familie ein tolles Fest namens Kwanzaa.

Damit ihr das Fest auch kennenlernen könnt, findet ihr auf den nächsten beiden Seiten unseren Chatverlauf. Leider sind meine Fragen gelöscht worden.

1. Denke dir passende Fragen aus und schreibe sie in die freien Felder.

Beste Freundin Nala

Hi David, Grüße aus New Orleans! Stell dir vor, wir feiern hier schon seit sieben Tagen das Kwanzaa-Fest.

____

Kwanzaa ist ein afroamerikanisches Fest für die Familie, die Gemeinschaft und unsere Kultur. Wir feiern vom 26. Dezember bis zum 1. Januar. Der Höhepunkt ist das gemeinsame Fest, das wir meistens am sechsten Tag begehen.

____

Kwanzaa bedeutet „erste Früchte“. Es bezieht sich auf die Erntefesttraditionen in West- und Südostafrika. Dort werden zwischen Dezember und Januar Erntefeste gefeiert. In den USA leben viele Menschen, deren Vorfahren aus afrikanischen Ländern kommen. Deshalb wird Kwanzaa in den USA und in vielen weiteren Ländern gefeiert.

Kwanzaa – Lesetext (2)

Beste Freundin Nala

Das Fest dauert sieben Tage und an jedem Tag steht ein Kwanzaa-Prinzip im Mittelpunkt. Die Prinzipien lauten: Einigkeit, Selbstbestimmung, Zusammenarbeit und Verantwortung, gemeinsames Wirtschaften, Zielstrebigkeit, Kreativität sowie Glaube. Dazu zünden wir jeden Tag eine Kerze auf dem Kinara an.

Der Kinara ist ein Kerzenhalter für sieben Kerzen. Die sieben Kerzen stehen für die sieben Prinzipien, die beim Kwanzaa-Fest gefeiert werden. Das große Fest am Ende wird mit der ganzen Familie und Freunden gefeiert. Dazu schmücken wir alles schön mit Kunstwerken und viel frischem Obst.

Ich finde die Gemeinschaft bei diesem Fest und die schöne bunte Dekoration am besten. Ein bisschen auch die Geschenke. Jetzt muss ich aufhören, hier werden die Geschenke verteilt.
Bis später!

Kwanzaa – Lesetext Lösung (1)

Im Moment bin ich noch auf dem Weg nach New Orleans. Unterwegs hat sich meine beste Freundin Nala bei mir gemeldet. Sie feiert mit ihrer Familie ein tolles Fest namens Kwanzaa.

Damit ihr das Fest auch kennenlernen könnt, findet ihr auf den nächsten beiden Seiten unseren Chatverlauf. Leider sind meine Fragen gelöscht worden.

1. Denke dir passende Fragen aus und schreibe sie in die freien Felder.

Beste Freundin Nala

Hi David, Grüße aus New Orleans! Stell dir vor, wir feiern hier schon seit sieben Tagen das Kwanzaa-Fest.

Was ist das Kwanzaa-Fest?

Kwanzaa ist ein afroamerikanisches Fest für die Familie, die Gemeinschaft und unsere Kultur. Wir feiern vom 26. Dezember bis zum 1. Januar. Der Höhepunkt ist das gemeinsame Fest, das wir meistens am sechsten Tag begehen.

Was bedeutet Kwanzaa?

Kwanzaa bedeutet „erste Früchte". Es bezieht sich auf die Erntefesttraditionen in West- und Südostafrika. Dort werden zwischen Dezember und Januar Erntefeste gefeiert. In den USA leben viele Menschen, deren Vorfahren aus afrikanischen Ländern kommen. Deshalb wird Kwanzaa in den USA und in vielen weiteren Ländern gefeiert.

Kwanzaa – Lesetext Lösung (2)

Beste Freundin Nala

Wie wird Kwanzaa gefeiert?

Das Fest dauert sieben Tage und an jedem Tag steht ein Kwanzaa-Prinzip im Mittelpunkt. Die Prinzipien lauten: Einigkeit, Selbstbestimmung, Zusammenarbeit und Verantwortung, gemeinsames Wirtschaften, Zielstrebigkeit, Kreativität sowie Glaube. Dazu zünden wir jeden Tag eine Kerze auf dem Kinara an.

Was ist der Kinara?

Der Kinara ist ein Kerzenhalter für sieben Kerzen. Die sieben Kerzen stehen für die sieben Prinzipien, die beim Kwanzaa-Fest gefeiert werden. Das große Fest am Ende wird mit der ganzen Familie und Freunden gefeiert. Dazu schmücken wir alles schön mit Kunstwerken und viel frischem Obst.

Was gefällt dir an Kwanzaa am besten?

Ich finde die Gemeinschaft bei diesem Fest und die schöne bunte Dekoration am besten. Ein bisschen auch die Geschenke. Jetzt muss ich aufhören, hier werden die Geschenke verteilt.
Bis später!

Kwanzaa – Lesetext (1)

Im Moment bin ich noch auf dem Weg nach New Orleans. Unterwegs hat sich meine beste Freundin Nala bei mir gemeldet. Sie feiert mit ihrer Familie ein tolles Fest namens Kwanzaa. Damit ihr das Fest auch kennen lernen könnt, findet ihr auf den nächsten beiden Seiten unseren Chatverlauf. Leider sind meine Fragen gelöscht worden.

1. Schneide die Fragen unten aus und klebe sie in die passenden Lücken.

Beste Freundin Nala

Hi David, Grüße aus New Orleans! Stell dir vor, wir feiern hier schon seit sieben Tagen das Kwanzaa-Fest.

____

Kwanzaa ist ein afroamerikanisches Fest für die Familie und unsere Kultur. Wir feiern vom 26. Dezember bis zum 1. Januar.

____

Kwanzaa bedeutet „erste Früchte". Es bezieht sich auf die Erntefesttraditionen in West- und Südostafrika. Dort werden in dieser Zeit Erntefeste gefeiert. In den USA leben viele Menschen, deren Vorfahren aus verschiedenen afrikanischen Ländern kommen. Deshalb wird Kwanzaa auch in den USA gefeiert.

Was ist das Kwanzaa-Fest? | Was gefällt dir an Kwanzaa am besten?

Was ist der Kinara? | Wie wird Kwanzaa gefeiert? | Was bedeutet Kwanzaa?

Kwanzaa – Lesetext (2)

Beste Freundin Nala

____

Das Fest dauert sieben Tage und an jedem Tag steht ein Kwanzaa-Prinzip im Mittelpunkt. Die Prinzipien lauten: Einigkeit, Selbstbestimmung, Zusammenarbeit und Verantwortung, gemeinsames Wirtschaften, Zielstrebigkeit, Kreativität sowie Glaube. Dazu zünden wir jeden Tag eine Kerze auf dem Kinara an.

____

Der Kinara ist ein Kerzenhalter für sieben Kerzen. Die sieben Kerzen stehen für die sieben Prinzipien, die beim Kwanzaa-Fest gefeiert werden. Das große Fest am Ende wird mit der ganzen Familie und Freunden gefeiert. Dazu schmücken wir alles schön mit Kunstwerken und viel frischem Obst.

____

Ich finde die Gemeinschaft bei diesem Fest und die schöne bunte Dekoration am besten. Ein bisschen auch die Geschenke. Jetzt muss ich aufhören, hier werden die Geschenke verteilt.
Bis später!

Kwanzaa – Lesetext Lösung (1)

Im Moment bin ich noch auf dem Weg nach New Orleans. Unterwegs hat sich meine beste Freundin Nala bei mir gemeldet. Sie feiert mit ihrer Familie ein tolles Fest namens Kwanzaa. Damit ihr das Fest auch kennen lernen könnt, findet ihr auf den nächsten beiden Seiten unseren Chatverlauf. Leider sind meine Fragen gelöscht worden.

1. Schneide die Fragen unten aus und klebe sie in die passenden Lücken.

Beste Freundin Nala

Hi David, Grüße aus New Orleans! Stell dir vor, wir feiern hier schon seit sieben Tagen das Kwanzaa-Fest.

Was ist das Kwanzaa-Fest?

Kwanzaa ist ein afroamerikanisches Fest für die Familie und unsere Kultur. Wir feiern vom 26. Dezember bis zum 1. Januar.

Was bedeutet Kwanzaa?

Kwanzaa bedeutet „erste Früchte". Es bezieht sich auf die Erntefesttraditionen in West- und Südostafrika. Dort werden in dieser Zeit Erntefeste gefeiert. In den USA leben viele Menschen, deren Vorfahren aus verschiedenen afrikanischen Ländern kommen. Deshalb wird Kwanzaa auch in den USA gefeiert.

Was ist das Kwanzaa-Fest?	Was gefällt dir an Kwanzaa am besten?	
Was ist der Kinara?	Wie wird Kwanzaa gefeiert?	Was bedeutet Kwanzaa?

Kwanzaa – Lesetext Lösung (2)

Beste Freundin Nala

Wie wird Kwanzaa gefeiert?

Das Fest dauert sieben Tage und an jedem Tag steht ein Kwanzaa-Prinzip im Mittelpunkt. Die Prinzipien lauten: Einigkeit, Selbstbestimmung, Zusammenarbeit und Verantwortung, gemeinsames Wirtschaften, Zielstrebigkeit, Kreativität sowie Glaube. Dazu zünden wir jeden Tag eine Kerze auf dem Kinara an.

Was ist der Kinara?

Der Kinara ist ein Kerzenhalter für sieben Kerzen. Die sieben Kerzen stehen für die sieben Prinzipien, die beim Kwanzaa-Fest gefeiert werden. Das große Fest am Ende wird mit der ganzen Familie und Freunden gefeiert. Dazu schmücken wir alles schön mit Kunstwerken und viel frischem Obst.

Was gefällt dir an Kwanzaa am besten?

Ich finde die Gemeinschaft bei diesem Fest und die schöne bunte Dekoration am besten. Ein bisschen auch die Geschenke. Jetzt muss ich aufhören, hier werden die Geschenke verteilt.
Bis später!

New Orleans – Lesetext

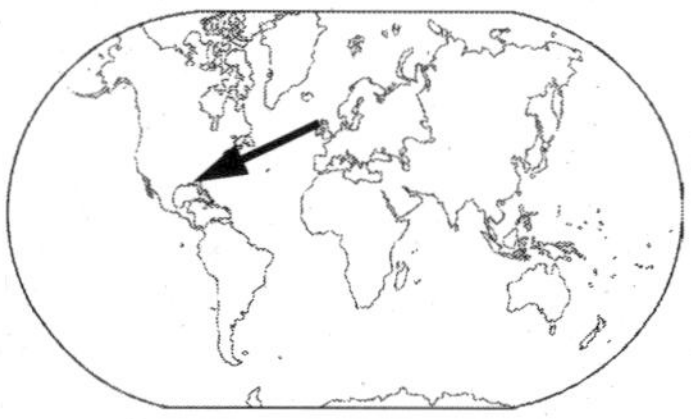

Ich bin mit Mama durch die spannende Stadt New Orleans gegangen. Das ist die größte Stadt im amerikanischen Bundesstaat Louisiana. Früher lebten hier viele Menschen, die aus verschiedenen Ländern wie Frankreich oder Afrika eingewandert waren. Ihre Kulturen vermischten sich. Das zeigt sich überall, beim Essen, in der Architektur, in Tanzstilen und auch in der Musik. Hier ist alles ein super spannender Kulturmix.

Musik spielt in New Orleans eine große Rolle. Die Stadt gilt als Geburtsort des Jazz. Das ist eine Musikrichtung, in der manchmal von den Noten abgewichen und ganz frei gespielt wird. Dabei entstehen spontan neue Lieder. Trompeten und Saxofone werden häufig in dieser Musikrichtung genutzt.

Im Norden der Stadt befindet sich ein bekanntes Sumpfland. Hier gibt es viele verschiedene Pflanzen- und Tierarten, wie zum Beispiel Alligatoren.

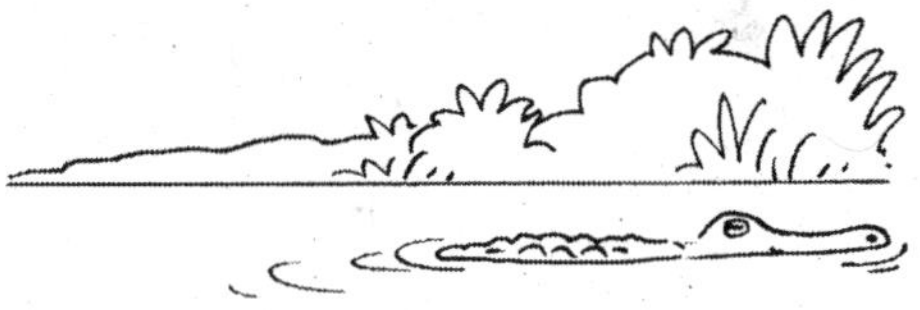

Der älteste Stadtteil von New Orleans ist das so genannte „French Quarter". Das bedeutet auf Deutsch „Französisches Viertel". Hier gibt es viele Sehenswürdigkeiten. Eine dieser Sehenswürdigkeiten ist der Jackson Square. Früher war es ein Platz für Paraden, aber heute ist es ein öffentlicher Park in dem immer wieder Jazzgruppen auftreten.

Ebenfalls sehenswert sind die Straßenbahnen. Diese wurden nicht gegen moderne Züge ausgetauscht. Sie fahren immer noch mit den schönen alten Waggons. Eine dieser Straßenbahnlinien ist die älteste noch laufende Straßenbahnlinie der Welt.

Mama und ich waren nach der langen Runde richtig müde. Daher sind wir mit einer dieser schicken Straßenbahnen wieder zurück zu Nala gefahren.

New Orleans – Lesetext

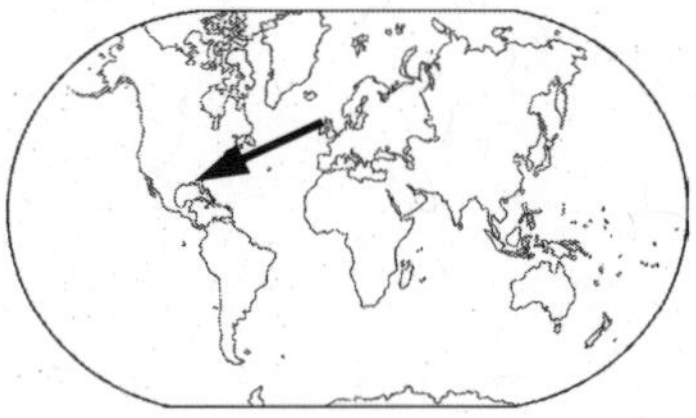

Ich bin mit Mama durch die Stadt New Orleans gegangen. Das ist die größte Stadt im amerikanischen Bundesstaat Louisiana.
Früher zogen hier viele Menschen aus verschiedenen Ländern hin. Die meisten Menschen kamen aus Frankreich und Afrika. Ihre Kulturen vermischten sich. Das zeigt sich in vielen Bereichen, wie beim Essen, in Tanzstilen und in der Musik. Hier ist alles eine bunte Mischung der Kulturen.

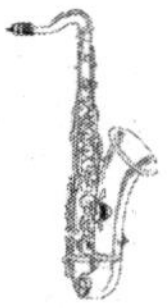

Musik spielt in New Orleans eine große Rolle. Die Stadt gilt als Geburtsort des Jazz. Das ist eine Musikrichtung, in der Stücke manchmal ohne Noten und nur nach Gefühl gespielt werden. Trompeten und Saxofone werden häufig in dieser Musikrichtung genutzt.

Im Norden der Stadt befindet sich ein Sumpfland. Es gibt in diesem Gebiet viele verschiedene Pflanzen- und Tierarten. Dort leben zum Beispiel Alligatoren.

Der älteste Stadtteil von New Orleans ist das so genannte „French Quarter“. Das bedeutet auf Deutsch „Französisches Viertel“. Hier gibt es viele Sehenswürdigkeiten. Eine dieser Sehenswürdigkeiten ist der Jackson Square. Früher war es ein Platz für Paraden, aber heute ist es ein öffentlicher Park in dem immer wieder Jazzgruppen auftreten.

Hier fahren noch ganz alte Straßenbahnen. Sie sind sehr hübsch und funktionieren noch heute. Mama und ich waren nach der langen Runde richtig müde. Daher sind wir mit einer dieser alten Straßenbahnen wieder zurück zu Nala gefahren.

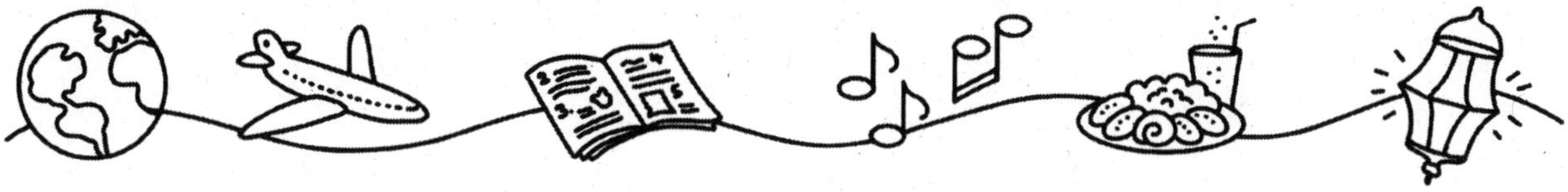

New Orleans – Aufgabe

Oje, ich fürchte die vielen neuen Eindrücke haben mich durcheinandergebracht.
Ein paar der Sätze stimmen daher nicht.

1. Lies die Sätze.
   Kreuze an, ob sie richtig oder falsch sind.

	richtig	falsch
New Orleans ist ein amerikanischer Bundesstaat.	M	L
New Orleans ist die größte Stadt im Bundesstaat Louisiana.	O	A
Hier lebten früher überwiegend Menschen, die aus Frankreich und Afrika eingewanderten waren.	U	E
Musik und Tanz spielen hier keine Rolle.	T	I
New Orleans gilt als Geburtsort des Jazz.	S	K
Im Süden der Stadt befindet sich ein Sumpfland.	E	I
Der älteste Stadtteil von New Orleans ist das French Quarter.	A	O
Der Jackson Square ist ein großer Parkplatz.	M	N
In New Orleans gibt es nur moderne Straßenbahnen.	U	A

2. Schreibe die Lösungsbuchstaben nacheinander auf die Schreiblinie. Sie ergeben das Lösungswort.

Lösungswort: ______________________________

New Orleans – Aufgabe Lösung

Oje, ich fürchte die vielen neuen Eindrücke haben mich durcheinandergebracht.
Ein paar der Sätze stimmen daher nicht.

1. Lies die Sätze.
   Kreuze an, ob sie richtig oder falsch sind.

	richtig	falsch
New Orleans ist ein amerikanischer Bundesstaat.	M	L
New Orleans ist die größte Stadt im Bundesstaat Louisiana.	O	A
Hier lebten früher überwiegend Menschen, die aus Frankreich und Afrika eingewanderten waren.	U	E
Musik und Tanz spielen hier keine Rolle.	T	I
New Orleans gilt als Geburtsort des Jazz.	S	K
Im Süden der Stadt befindet sich ein Sumpfland.	E	I
Der älteste Stadtteil von New Orleans ist das French Quarter.	A	O
Der Jackson Square ist ein großer Parkplatz.	M	N
In New Orleans gibt es nur moderne Straßenbahnen.	U	A

2. Schreibe die Lösungsbuchstaben nacheinander auf die Schreiblinie. Sie ergeben das Lösungswort.

Lösungswort: Louisiana

Jederzeit optimal vorbereitet in den Unterricht?

»